直通

新日语能力测试精解!

主编◎宇 聪 崔小萍 副主编◎任海丹 傅迎莹 闫弘钰

N1

模拟强化 语言知识

U0743395

大连理工大学出版社

图书在版编目(CIP)数据

N1 语言知识模拟强化 / 宇聪，崔小萍主编. — 大连
：大连理工大学出版社，2012.8
（直通新日语能力测试精解!）
ISBN 978-7-5611-7140-0

Ⅰ.①N… Ⅱ.①宇…②崔… Ⅲ.①日语—水平考试
—习题集 Ⅳ.①H369.6

中国版本图书馆 CIP 数据核字(2012)第 176478 号

大连理工大学出版社出版
地址：大连市软件园路 80 号 邮政编码：116023
发行：0411-84708842 传真：0411-84701466 邮购：0411-84703636
E-mail：dutp@dutp.cn URL：http://www.dutp.cn
大连美跃彩色印刷有限公司印刷 大连理工大学出版社发行

幅面尺寸：185mm×260mm 印张：10.25 字数：237 千字
印数：1～5000
2012 年 8 月第 1 版 2012 年 8 月第 1 次印刷

责任编辑：宋锦绣 责任校对：李小涵 宗雪飘
封面设计：李 雷

ISBN 978-7-5611-7140-0 定 价：22.00 元

前　言

　　日语国际能力测试是由日本国际交流基金会与中国教育部海外考试中心共同举办的全世界范围内的能力测试。近年来，由于考生的范围不断扩大、考试目的多样化，对考试的要求和建议也日益增多。因此，自2010年7月起开始实施新的日语能力测试。改革后N1由原来的一年一次改为一年两次，考试时间分别在7月和12月的第一个星期日，考试时间由原来的上午改成下午，各考查项目的分数也做了较大的调整，具体如下：

原一级			N1		
考试项目	满分分数	时间	考试项目	满分分数	时间
文字词汇	100分	45分钟	语言知识（文字、词汇、语法）	60分	110分钟
语法阅读	200分	90分钟	阅读	60分	
听力	100分	45分钟	听力	60分	60分钟

　　调整后的N1考试设置了单项得分和综合得分的标准，其中一个单项未达到合格标准，总分再高也不能算作合格。因此，各部分的考试都非常重要。在考试限定的时间内完成答题，需要考生提前训练答题速度和技巧。本书在语言知识和阅读部分为考生提供了答题参考时间，便于日常训练。

项目		题型		问题数量	建议答题时间
语言知识	文字·词汇	问题1	汉字读音	6小题	3分钟
		问题2	词义辨析	7小题	4分钟
		问题3	近义词替换	6小题	3分钟
		问题4	词语用法	6小题	6分钟
	语法	问题5	选择填空	10小题	10分钟
		问题6	排列组句	5小题	5分钟
		问题7	完形填空	5小题	6分钟
阅读		问题8	内容理解（短篇）	4小题	6分钟
		问题9	内容理解（中篇）	9小题	17分钟
		问题10	内容理解（长篇）	4小题	10分钟
		问题11	综合理解	3小题	10分钟
		问题12	主张理解	4小题	15分钟
		问题13	信息检索	2小题	10分钟

在时间安排上，答题共用105分钟，剩下5分钟为填涂答题卡和通篇检查时间。

本书对每部分考试项目分题型进行讲解，每个题型包括：免费检测、魔鬼训练、模拟考场三个部分，最后还有两套模拟题供考生自测。

希望广大日语考生通过这本书的学习，能够以优异的成绩顺利通过考试。

编　者

2012年3月

目　录

本书导航

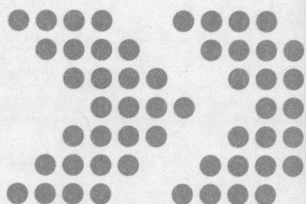

免费检测

想知道自己的水平吗？快来检测一下吧！是限时的哦！超级逼真！

魔鬼训练

海量题目，是真题数量的4倍哦！

模拟考场

真正模拟现场考试的环境，在规定的时间内答题哦！

精解专栏
每道题都有精解哦，
既点晴，又全面。

答案可不容易偷看哦！
需要倒过来看哦！可不能着急！

正解

模擬テスト

配备2套模拟题，你不用再担心自己的综合实力啦！

精解专栏　模拟题中的每道题还有精解哦！

语言知识部分
大　揭　秘

改革后的日语国际能力测试N1考试中，语言知识部分包括文字词汇题目和语法知识题目两大部分，共计7道大题。文字词汇题目是1–4题，语法知识题目是5–7题。

题　号	大题目	题　数	目　　　标
问题1	汉字读音	6小题	考查日语汉字的读法。
问题2	词义辨析	7小题	选择一个恰当的词，使句子通顺完整。
问题3	近义词替换	6小题	选择一个可以替换画线部分的近义词。
问题4	词语用法	6小题	选择所给词语在句子中使用正确的一项。
问题5	选择填空	10小题	选择一个语法使句子通顺完整。
问题6	排列组句	5小题	排列所给选项组成一个通顺完整句子。
问题7	完形填空	5小题	选择语法，使句子通顺、意思完整。

问题 1

汉字读音
——答题关键

- 共6道小题，一般音读和训读的题量各占一半。重在检测单词的清浊音、长短音以及音读和训读。比起改革前的从一个长句子里选取多个词汇，改革后主要是从一个短句里选择一个单词，难度有所下降。考生在平时记忆时要将单词拆开，记住每个字的音读和训读发音，这样即使遇到没有接触过的单词，也可以根据平时积累的汉字读音知识来进行较为准确地推测。此外，两个汉字组成的单词很少会出现音读和训读混搭的现象。

免费检测

限时：3分钟

問題1 ＿＿＿＿の言葉の読み方として最もよいものを、1・2・3・4から一つ選びなさい。

1 まだ彼女のご両親から結婚の承諾を得ていません。
　　1　しょうのう　　2　しょうだく　　3　じょうたい　　4　じょうだい

2 高橋さんにギターの伴奏を頼まれた。
　　1　はんそう　　　2　ばんそう　　　3　はんぞう　　　4　ばんぞう

3 受注の件については、担当の小林さんに聞いてみてください。
　　1　じゅうしょ　　2　しゅちゅう　　3　しゅうちゅう　4　じゅちゅう

4 殺人事件の容疑者は夜の闇に紛れて逃走した。
　　1　まぎれて　　　2　かくれて　　　3　つぶれて　　　4　すぐれて

5 作業員は窓ガラスを手際よく次々と磨いている。
　　1　しゅさい　　　2　しゅぎわ　　　3　てぎわ　　　　4　てさい

6 あのレストランのウェーターの態度は不作法極まる。
　　1　きよまる　　　2　はやまる　　　3　さだまる　　　4　きわまる

精 解 专 栏
独家发布

1　正确答案是2。

汉语意思为：还没有从她的父母那里得到结婚的许可。

此题重点考查的是浊音，如果知道「諾」字的日语读音为「だく」，则会很快得出答案。

其他选项分别是　1　しょうのう→樟脑（樟脑，小脑）
　　　　　　　　　3　じょうたい→状態（状态，常态）
　　　　　　　　　4　じょうだい→上代（上古，古代）

2　正确答案是2。

汉语意思为：被高桥委托担任吉他伴奏。

此题重点考查的是拨音后面的假名是否有浊音化现象。「伴」字在表示与他人共同进行某种行为时，多发音为「ばん」，而「奏」字则可通过「えんそう/演奏」「すいそう/吹奏」等单词来记忆。「ばんそう」除了本题中"伴奏"的意思之外，汉字写作「伴僧」「半走」时，意思为"侍僧""助跑"。

其他选项分别是　1　はんそう→搬送（搬运）
　　　　　　　　　3　はんぞう→半挿（一种容器名）
　　　　　　　　　4　ばんぞう→无（买卖的中介人、中间商）

3　正确答案是4。

汉语意思为：有关订货的事情请问一下负责人小林。

此题重点考查考生对单词长音和浊音的掌握程度，在N1考试中出现频率较高。「受」的音读是「じゅ」，「注」的音读是「ちゅう」。

其他选项分别是　1　じゅうしょ→住所（住址）
　　　　　　　　　2　しゅちゅう→手中（手中）
　　　　　　　　　3　しゅうちゅう→集中（集中）

4 正确答案是1。

汉语意思为：杀人嫌疑犯趁着夜色逃跑了。

此题重点考查汉字的训读，可以通过排除法解答。「まぎれる」意为"混同、混进（什么地方而行踪不明）"。

其他选项分别是　2　かくれて→隠れる（隐藏）

　　　　　　　　　3　つぶれて→潰れる（压坏，倒塌）

　　　　　　　　　4　すぐれて→優れる（优秀）

5 正确答案是3。

汉语意思为：作业员非常麻利地不断擦玻璃。

此题重点考查的是两个汉字单词的训读。「てぎわ」意为"（处理事务的）手法、本领"。「手際よく」意为"妥善、适当"。

其他选项分别是　1　しゅさい→主催（主办）

　　　　　　　　　2　しゅぎわ→（无）

　　　　　　　　　4　てさい→（无）

6 正确答案是4。

汉语意思为：那个餐厅的服务员态度很粗鲁。

此题重点考查单个汉字的训读。常用的还有「丁重/不愉快きわまる」，表示到了极限。

其他选项分别是　1　きよまる→清まる（澄清）

　　　　　　　　　2　はやまる→早まる（提早）

　　　　　　　　　3　さだまる→定まる（决定）

魔鬼训练

1 夜、暇つぶしに家の周辺の店を冷やかして歩いた。
　　1　ひやかして　　　2　ついやかして　　　3　おびやかして　　4　あまやかして

2 隣の犬は従順な性格で、人に懐きやすい。
　　1　なつき　　　　　2　なげき　　　　　　3　きずき　　　　　4　はじき

3 今回の件で、改めて田中さんはデザイナーの器ではないと思った。
　　1　とだな　　　　　2　くさり　　　　　　3　うつわ　　　　　4　ふもと

4 彼女は文学の素養に恵まれる。
　　1　すよう　　　　　2　そよう　　　　　　3　しょよう　　　　4　そざい

5 普通以上に手広く活躍する人を発展家という。
　　1　かつよう　　　　2　かくよう　　　　　3　かくよく　　　　4　かつやく

6 自然を侮ると痛い目に遭う。
　　1　あどなる　　　　2　あなどる　　　　　3　あたなる　　　　4　あたどる

7 新鮮な牡蠣を炭火で炙って食べる。
　　1　つちかって　　　2　つかって　　　　　3　あぶって　　　　4　あぶなって

8 今回の試合に負けたせいで、決勝進出が危なくなった。
　　1　けっしょう　　　2　けつしょう　　　　3　けつじょう　　　4　けつじょ

9 試合の前には、今までの失敗を思い出して自分を戒める。
　　1　いじめる　　　　2　いためる　　　　　3　さだめる　　　　4　いましめる

10 彼は家のローンの返済に追われる。
　　1　へんさい　　　　2　へんざい　　　　　3　はんさい　　　　4　はんざい

11 彼は痛む腹を押さえてその場に蹲った。

    1　にぶった　　　　2　はやった　　　　3　うずくまった　4　うすくまった

12 廊下の突き当たりは薄板張りの壁だ。

    1　ぼばん　　　　　2　うすいた　　　　3　うすばん　　　　4　ぼいた

13 母は微笑みながら息子の遊ぶ姿を見守っている。

    1　ほほえみ　　　　2　にがみ　　　　　3　いたみ　　　　　4　ふくみ

14 近頃の女性はなかなか勇ましい。

    1　ゆうましい　　　2　めざましい　　　3　おしい　　　　　4　いさましい

15 来月は久しぶりにご上京の由、そのときはぜひご一報ください。

    1　いちほう　　　　2　いっぽう　　　　3　ひとほう　　　　4　ひとぽう

16 このあたりは昼夜を問わずいつも賑わっている。

    1　ひるや　　　　　2　ちゅうよ　　　　3　ちゅうや　　　　4　ひるま

17 東京と大阪は600キロ隔てている。

    1　へだてて　　　　2　あわてて　　　　3　そだてて　　　　4　すてて

18 北京から広州までランニングで横断する。

    1　こうだん　　　　2　おうだん　　　　3　よこだん　　　　4　おうたん

19 イスタンブールは東西文化の交差点として栄えている。

    1　こころえて　　　2　よみがえて　　　3　ふるえて　　　　4　さかえて

20 この選手は粘りが足りないので、いつも最後まで負けてしまう。

    1　おもり　　　　　2　まもり　　　　　3　ねばり　　　　　4　すり

21 新型ロケットの発射は見事に成功した。

    1　ほっしゃ　　　　2　はっしゃ　　　　3　はつしゃ　　　　4　はっし

22 住民は避難所から自宅に荷物を取りに戻った。

　　1　ひなんじょ　　　2　ひなんしょ　　　3　びなんじょ　　　4　びなんじょう

23 列車は吹雪のため立ち往生した。

　　1　ふゆき　　　　　2　ふきゆき　　　　　3　ふぶき　　　　　4　すいせん

24 暢達君は新聞に連載小説を執筆中だ。

　　1　しつひつ　　　　2　しつぴつ　　　　　3　しっひつ　　　　4　しっぴつ

精 解 专 栏

独家发布

问题1-魔鬼训练

1 正确答案是1。

汉语意思为：晚上为了消磨时间，在家周围的商店里只问价钱但什么也不买。

此题重点考查「冷」的音读和训读，音读是「れい」，训读有「ひやす・つめたい・ひやかす」等。

其他选项分别是
2 ついやかして→（无）
3 おびやかして→脅かす（威胁）
4 あまやかして→甘やかす（纵容，放任）

2 正确答案是1。

汉语意思为：邻居家的狗性格温顺，很容易和人亲近。

此题重点考查「懐」的音读和训读。其他各选项的单词作为备考单词也应一并记忆。

其他选项分别是
2 なげき→嘆く（悲叹，哀叹）
3 きずき→築く（构筑，修建）
4 はじき→弾く（弹，扒拉）

3 正确答案是3。

汉语意思为：通过这次这件事，我再次觉得田中不是设计师那块料。

此题重点考查「器」的读法，音读为「き」，训读为「うつわ」，在这里为"才干、才能"之意。

其他选项分别是
1 とだな→戸棚（柜，碗柜）
2 くさり→鎖（链子）
4 ふもと→麓（山脚，山麓）

4 正确答案是2。

汉语意思为：她具有文学天赋。

此题考查的重点是双汉字单词的音读。一般「素」的读音有「す」和「そ」两种。中国人耳熟能详的「味の素」中「素」读音应为「もと」。

其他选项分别是
1　すよう→（无）
3　しょよう→所要（所需）
4　そざい→素材（原材料）

5 正确答案是4。

汉语意思为：超出正常范围广泛活跃的人被称为交际家。

此题重点考查的是双汉字单词的音读。主要了解「躍」的音读为「やく」。

其他选项分别是
1　かつよう→活用（活用）
2　かくよう→各様（各种样子）
3　かくよく←鶴翼（<古语>,鹤翼）

6 正确答案是2。

汉语意思为：小看大自然的话是会遭殃的。

此题重点考查的是「侮」的训读，「侮」的训读应为「あなどる」，该字应做重点记忆。错误选项均为易混淆的读法。

其他选项分别是
1　あどなる→（无）
3　あたなる→（无）
4　あたどる→（无）

7 正确答案是3。

汉语意思为：将新鲜的牡蛎用炭火烤着吃。

此题重点考查的是「炙」的读法，与之相同发音的汉字还有「あふる/焙」，都是烤、晒的意思。

其他选项分别是
1　つちかって→培う（培植，培育）
2　つかって→使う（使用）
4　あぶなって→（无）

8 正确答案是1。

汉语意思为：因为这次的比赛输了，所以很难进入决赛。

此题重点考查双汉字单词的音读和促音。「決」在这里读作「けっ」，在其他单词里多读作「けつ」，例如「決断」读作「けつだん」。

其他选项分别是　2　けつしょう→（无）

3　けつじょう→欠場（缺席）

4　けつじょ→欠如（欠缺）

⑨　正确答案是4。

汉语意思为：在比赛前回想以前的失败来告诫自己。

此题重点考查「戒」的训读，训读是「かい」，例如「警戒/けいかい」。「戒」的训读是「いましめる」，意为"劝告、戒除"，应注意区别。

其他选项分别是　1　いじめる→苛める（欺负）

2　いためる→炒める（炒）

3　さだめる→定める（决定）

⑩　正确答案是1。

汉语意思为：他被房贷缠身。

此题重点考查动词「返済」的音读，与此单词相关的还有「返却/へんきゃく、决済/けっさい」等单词。

其他选项分别是　2　へんざい→遍在（普遍存在）

3　はんさい→半歳（半年）

4　はんざい→犯罪（犯罪）

⑪　正确答案是3。

汉语意思为：他手捂着疼痛的肚子蹲在那里。

此题重点考查「蹲/うずくまる」的读法，应做重点记忆。「蹲」还有「つくばる」的读法，但选项当中没有。

其他选项分别是　1　にぶった→鈍る（迟钝）

2　はやった→流行る（流行）

4　うすくまった→（无）

⑫　正确答案是2。

汉语意思为：走廊的尽头是薄板饰面的墙壁。

此题重点考查的单词两个字都为训读。「薄」作为冠语（放在名词前做修饰语），表示厚度、密度或是浓度较小时一般读作「うす」，例如「薄紙/うすがみ」、「薄味/うすあじ」等。要注意区分「薄」和「簿」的写法。

其他选项分别是　1　ぼばん→（无）
　　　　　　　　　3　うすばん→（无）
　　　　　　　　　4　ぼいた→（无）

13　正确答案是1。

汉语意思为：妈妈微笑着看着孩子玩。

此题要注意如果没有送假名「み」，这个单词应读作「びしょう」。其他选项都是词尾带「み」的单词，应注意比较记忆。

其他选项分别是　2　にがみ→苦味（苦味）
　　　　　　　　　3　いたみ→痛み（疼痛，悲痛）
　　　　　　　　　4　ふくみ→含み（含义，暗示）

14　正确答案是4。

汉语意思为：最近的女性越来越活跃。

此题重点考查「勇/いさましい」的训读，其音读为「ゆう」，例如「勇敢」读作「ゆうかん」。

其他选项分别是　1　ゆうましい→（无）
　　　　　　　　　2　めざましい→目覚しい（异常显著）
　　　　　　　　　3　おしい→惜しい（可惜）

15　正确答案是2。

汉语意思为：听说下个月您要来久违的东京，到时候一定要通知我。

此题重点考查的是促音和半浊音，需要注意的是发音为「いっぽう」的汉字还有「一方」等。「報」读作「ぽう」的单词还有「電報/でんぽう」等。除此之外还有读作「ほう」的时候，例如「報告/ほうこく」。

其他选项分别是　1　いちほう→（无）
　　　　　　　　　3　ひとほう→（无）
　　　　　　　　　4　ひとぽう→（无）

16　正确答案是3。

汉语意思为：这一带无论白天还是晚上，总是很热闹。

此题重点考查单词的音读。要注意「昼」和「夜」各自的训读和音读。「昼」的训读为「ひる」，音读为「ちゅう」，「夜」的训读为「よる」，音读为「や」。

其他选项分别是
1	ひるや→	（无）
2	ちゅうよ→	（无）
4	ひるま→昼間	（白天）

17 正确答案是1。

汉语意思为：东京到大阪的距离为600公里。

此题重点考查的是「隔」的训读，其音读通常为「かく」，例如「隔世/かくせい」。其他选项单词均是词尾为「てる」的单词，作为N1备考词汇也应一并记忆。

其他选项分别是
2	あわてて→慌てる	（慌张）
3	そだてて→育てる	（养育）
4	すてて→捨てる	（扔）

18 正确答案是2。

汉语意思为：从北京跑步到广州。

此题重点考查的是「横」的音读及浊音。「横」的训读「よこ」较为常用，此处应对其音读「おう」做重点记忆。例如「横断」读音为「おうだん」。

其他选项分别是
1	こうだん→講談	（评书）
3	よこだん→	（无）
4	おうたん→	（无）

19 正确答案是4。

汉语意思为：作为东西文化混合点的伊斯坦布尔非常繁荣。

此题重点考查的是「栄」的训读，其音读为「えい」，例如「栄光」的读音为「えいこう」。其他选项均是词尾为「える」的动词。

其他选项分别是
1	こころえて→心得る	（领会，应允）
2	よみがえて→蘇る	（复活）
3	ふるえて→震える	（颤动）

20 正确答案是3。

汉语意思为：这个选手不够坚韧，总是到最后的时候失败。

此题重点考查训读。「粘り」除了粘性、粘度的意思外，还有坚韧、顽强的意思。

其他选项分别是
1	おもり→錘	（秤砣）
2	まもり→守り	（守卫）
4	すり→刷り	（印刷）

21 正确答案是2。

汉语意思为：新型火箭的发射完全成功了。

此题重点考查促音及双汉字单词的音读。相同发音的还有「発車」，但是在「発足」当中「発」读作「ほっ」，而在「発明/はつめい」当中，「発」读作「はつ」。

其他选项分别是　1　ほっしゃ→（无）
　　　　　　　　3　はつしゃ→（无）
　　　　　　　　4　はっし→八史（八史）

22 正确答案是1。

汉语意思为：居民从避难所回到自己家取东西。

此题重点考查的是复合词的长音及浊音。如果知道「所」的发音为「じょ」，此题则可以迎刃而解。除此之外还有「しょ」的读音，例如「場所/ばしょ」等。训读为「ところ」。

其他选项分别是　2　ひなんしょ→（无）
　　　　　　　　3　びなんじょ→（无）
　　　　　　　　4　びなんじょう→（无）

23 正确答案是3。

汉语意思为：列车因暴风雪而抛锚。

此题重点考查特殊单词的特殊读法，汉字还可以写作「乱吹」，汉语也可译成"暴风雪"。

其他选项分别是　1　ふゆき→冬木（冬青树）
　　　　　　　　2　ふきゆき→（无）
　　　　　　　　4　すいせん→推薦（推荐）

24 正确答案是4。

汉语意思为：畅达正在给报纸写连载小说。

此题重点考查促音与半浊音。「執」还读作「しつ」，例如「執事/しつじ」。「筆」还读作「ひつ」，例如「万年筆/まんねんひつ」等。其他选项均为混淆项，并无实在意义。

其他选项分别是　1　しつひつ→（无）
　　　　　　　　2　しっぴつ→（无）
　　　　　　　　3　しっひつ→（无）

模拟考场

限时：3分钟

問題1 _____の言葉の読み方として最もよいものを、1・2・3・4から一つ選びなさい。

① 東側は行き止まりの路地で、通り抜けられない。
  1 ろち　　　　　2 ろじ　　　　　3 ろみち　　　　4 ろっち

② Aチームとの試合にひどい点数で負けて、惨めな思いをした。
  1 みじめ　　　　2 さだめ　　　　3 いため　　　　4 いじめ

③ テレビゲームばかりして、時間を無駄に費やした。
  1 ひやした　　　2 ついやした　　3 ふやした　　　4 いやした

④ 十九君たちは今悪事をたくらんでいる。
  1 あくじ　　　　2 やくじ　　　　3 あじ　　　　　4 わるごと

⑤ 何か簡便な方法はないものかと目下研究中です。
  1 もくした　　　2 めした　　　　3 もっか　　　　4 めか

⑥ 万年筆のキャップが外れた。
  1 そとれた　　　2 はがれた　　　3 がいれた　　　4 はずれた

1 正确答案是2。

汉语意思为：东边是死胡同，穿不过去。

此题重点考查的是对「地」音读的理解，「地」更为常用的读音为「ち」，例如「大地」读作「だいち」。与本题「地」相同发音的单词还有「地面/じめん」。

其他选项分别是
1 ろち→（无）
3 ろみち→（无）
4 ろっち→（无）

2 正确答案是1。

汉语意思为：与A队的比赛以悬殊的比分输得很惨。

此题重点考查的是形容动词「惨」的训读，词尾是「い」的时候，应读作「むごい」。音读为「さん」，例如「悲惨/ひさん」。

其他选项分别是
2 さだめ→定め（规定）
3 いため→痛める（使之痛苦）
4 いじめ→いじめ（欺负）

3 正确答案是2。

汉语意思为：总是玩电子游戏，把时间都浪费了。

此题重点考查的是「費」的训读。其音读为「ひ」，例如「消費/しょうひ」。其他选项动词词尾均为「す」，也应作为一级备考词汇进行记忆。

其他选项分别是
1 ひやした→冷す（冷却）
3 ふやした→増やす（增加）
4 いやした→癒す（治疗）

4 正确答案是1。

汉语意思为：十九他们正在企图做坏事。

此题重点考查的是「悪」的读法，此外还有「あっか/悪化」「おかん/悪寒」等发音需注意。「悪」作为形容词时应读作「わるい」。

其他选项分别是
2　やくじ→薬事（药事）
3　あじ→味（味道）
4　わるごと→（无）

5　正确答案是3。

汉语意思为：现在正在研究还有没有更好的办法。

此题重点考查的是名词的音读，需要注意的是「目下」根据语境不同，则发音不同。当发音为「めした」时，是指晚辈、部下，当发音为「もっか」时，意为眼前、目前。

其他选项分别是
1　もくした→（无）
2　めした→目下（属下，晚辈）
4　めか→メカ（机械，机器）

6　正确答案是4。

汉语意思为：钢笔套松了。

此题重点考查的是自动词「外」的读法，他动词的发音为「はずす」。作为名词时「外」的训读为「そと」，（特殊的单词为「外科（げか）」），其音读多为「がい」。例如「外国/がいこく」「圏外/けんがい」等。

其他选项分别是
1　そとれた→（无）
2　はがれた→剥がれる（剥落，揭下）
3　がいれた→（无）

问题 2

词义辨析
——答题关键

- 共7道小题，比起改革前，题目数量减少很多。此部分试题的测试点为名词词义辨析、形容词形容动词词义辨析、动词词义辨析、外来语词义辨析、副词词义辨析、复合词构成辨析、语法点区别辨析。每个测试点出1至2道小题。每道小题中的4个选项一般是以当用汉字的形式出现，所以对于学习汉语的考生不是很难。平时复习的时候只要特别注意同一词汇的汉语意思和日语涵义的区别即可。另外，新日语能力测试中的各个题型中出题范围比较模糊，也就是说在文字词汇中也有个别语法点的考查。

- 另外，考查语法点、副词、外来语的题型选项多为假名。此部分主要考查考生对词汇的日常积累。

免费检测

限时：4分钟

問題2　（　　　）に入れるのに最もよいものを、1・2・3・4から一つ選びなさい。

7 学生が（　　　）となって行事の案を考えた。
1　主体　　　　　　2　主権　　　　　　3　主導　　　　　　4　主演

8 裁判では、法律の（　　　）な適用がなされなければならない。
1　過密　　　　　　2　厳密　　　　　　3　親密　　　　　　4　精密

9 済んだことにいつまでも（　　　）いてもしょうがない。
1　こだわって　　　2　むらがって　　　3　とどこおって　　4　とだえて

10 大きいテーブルを買いたいけれど、この部屋には置く（　　　）がない。
1　スタジオ　　　　2　ステージ　　　　3　スタンド　　　　4　スペース

11 佐藤さんは、ホテルの予約が難しいと聞いただけで、（　　　）旅行をあきらめた。
1　げっそり　　　　2　うんざり　　　　3　あっさり　　　　4　じっくり

12 警察がスピード違反の（　　　）をしている。
1　取り締まり　　　2　取り扱い　　　　3　取り引き　　　　4　引き取り

13 イヌとネコのどちらが好きかと聞かれても困るが、（　　　）選ぶならネコだ。
1　たとえ　　　　　2　まさに　　　　　3　しいて　　　　　4　ひいては

正解：1 2 1 4 3 1 3

精 解 专 栏
独家发布

7　正确答案是1。

汉语意思为：学生作为主体考虑活动的方案。

此题重点考查的是名词词义辨析。「主体」意为主体、核心。选项当中是形式相似但意义不同的名词，这些词的发音均为音读单词，请注意不要混淆。

其他选项分别是　2　主権→しゅけん（主权）
　　　　　　　　　3　主導→しゅどう（主导）
　　　　　　　　　4　主演→しゅえん（主演）

8　正确答案是2。

汉语意思为：审判的时候，必须严格地应用法律。

此题目重点考查的是形容动词词义辨析，意为"严密、周密、严格"。其他选项是后面的词形式相同，但含义不同。选项当中是其他形式或者是含义上比较类似的形容动词。

其他选项分别是　1　過密→かみつ（过满）
　　　　　　　　　3　親密→しんみつ（亲密）
　　　　　　　　　4　精密→せいみつ（精密）

9　正确答案是1。

汉语意思为：对过去的事即便无休止地苛求也无济于事。

此题重点考查的是动词词义辨析。选项当中其他选项的形式与含义都不符合题意。「こだわる」是「こだわり」的动词形式，意为"研究、关心、特色、拘泥"。

其他选项分别是　2　むらがって→群がる（群聚）
　　　　　　　　　3　とどこおって→滞る（拖延）
　　　　　　　　　4　とだえて→途絶える（中断）

10　正确答案是4。

汉语意思为：想买个大桌子，但是这个房间没有放置的空间。

此题重点考查的是外来语词义辨析。「スペース」意为"空间、空地、空场地"。选项当中其他选项的形式与含义都不符合题意。

其他选项分别是
1　スタジオ（摄影棚）
2　ステージ（舞台）
3　スタンド（看台）

11 正确答案是3。

汉语意思为：佐藤只是听说酒店很难预订就轻易地放弃了旅行。

此题重点考查的是副词词义辨析。选项当中其他选项形式和含义都不符合题意。「あっさり」意为"轻松、简单"。

其他选项分别是
1　げっそり（无精打采）
2　うんざり（彻底厌烦）
4　じっくり（冷静）

12 正确答案是1。

汉语意思为：警察正在监管超速。

此题重点考查的是复合词构成辨析。「取り締まり」意为"管理、约束、管制"。选项当中其他选项都是形式或者含义上比较类似的复合词。

其他选项分别是
2　取り扱い→とりあつかい（处理）
3　取り引き→とりひき（交易）
4　引き取り→ひきとり（领回）

13 正确答案是3。

汉语意思为：被问到喜欢狗还是猫，是很为难的，如果非要选择的话还是喜欢猫。

此题重点考查的是「しいて」「強いて」的用法。「しいて」意为"逼迫、勉强"。

其他选项分别是
1　たとえ（例如）
2　まさに（的确）
4　ひいては（进而，甚至）

魔鬼训练

1 この企画の成功は苗さんの働きに（　　　）ところが大きい。
　　1　負う　　　　　2　おどす　　　　3　借りる　　　　4　おかす

2 ゴミはまとめて、（　　　）につかないところに置いてください。
　　1　注目　　　　　2　役目　　　　　3　人目　　　　　4　着目

3 もっと（　　　）を広げて、自分の殻に閉じこもらないようにしなさい。
　　1　見地　　　　　2　視野　　　　　3　視点　　　　　4　観点

4 次回の試合に向けて、チームの（　　　）を強めよう。
　　1　緊密　　　　　2　親密　　　　　3　結束　　　　　4　収束

5 あの選手は、走る（　　　）がとてもきれいだ。
　　1　フォーム　　　2　ポーズ　　　　3　ポジション　　4　コントロール

6 このカメラは操作が（　　　）ので、評判が悪かった。
　　1　あつかましい　2　たくましい　　3　ふさわしい　　4　ややこしい

7 新しい事業を始めるにあたっては、（　　　）計画を立てる必要がある。
　　1　繊細な　　　　2　綿密な　　　　3　零細な　　　　4　濃密な

8 皆で協力して仕事をしたら、（　　　）感が生まれた。
　　1　依存　　　　　2　共存　　　　　3　連帯　　　　　4　連続

9 今後とも、（　　　）よろしくお願い申し上げます。
　　1　何だか　　　　2　何でも　　　　3　何とぞ　　　　4　何より

10 各地域のテレビがそのニュースを（　　　）。
　　1　報じた　　　　2　投じた　　　　3　配送した　　　4　配布した

11 妻は、（　　　）いやそうに「よっぱらい！」と言った。
　　1　いかに　　　　2　さも　　　　　3　どうにか　　　4　もっぱら

12 試験中に他人の答案を見ることを（　　）という。
　　1　カンニング　　2　スプリング　　3　タイミング　　4　トレーニング

13 関東地方は台風による暴風（　　　）に入った。
　　1　圏内　　　　　2　領内　　　　　3　枠内　　　　　4　管内

14 虹さんはデザイナーとして10年もの（　　　）を積んできた。
　　1　ベテラン　　　2　ステータス　　3　ポジション　　4　キャリア

15 せっかく「一緒に行こう」と言ったのに、（　　　）断られた。
　　1　ばかばかしく　2　そっけなく　　3　すまなく　　　4　いやしく

16 この仕事には特別な資格はいらないが、日本語がある程度できることが（　　　）。
　　1　のぞましい　　2　ふさわしい　　3　まちどおしい　4　めざましい

17 （　　　）ホテルでは全室禁煙です。
　　1　自　　　　　　2　主　　　　　　3　実　　　　　　4　当

18 携帯電話はこれまで地下では使えないという（　　）があった。
　　1　欠陥　　　　　2　汚点　　　　　3　欠落　　　　　4　弱点

19 逆転のチャンスだったが、残念ながら好機を（　　）しまった。
　　1　こぼして　　　2　はずして　　　3　逃して　　　　4　落として

20 この会場は400人（　　）できる。
　　1　許容　　　　　2　収容　　　　　3　収集　　　　　4　占領

21 衝突した車が民家に突っ込み、（　　　）大惨事になるところだった。
　　1　まさか　　　　2　あわや　　　　3　きっと　　　　4　どうやら

22 これは日本文学について（　　　）した本です。
　　1　概説　　　　　2　演説　　　　　3　閲覧　　　　　4　回覧

23 田中さんは目上の人にはていねいだが、下の人にはとても（　　　）なる。
1　おろかに　　　　2　おろそかに　　　3　ぞんざいに　　4　つきなみに

24 欠点というものは、まず本人がそれを（　　　）しないと直せない。
1　向上　　　　　　2　自覚　　　　　　3　意図　　　　　4　意欲

25 図書館は静かで、本のページを（　　　）音しかしなかった。
1　めくる　　　　　2　たたむ　　　　　3　あたる　　　　4　ひらく

26 今度の旅行は、予算をかなり（　　　）してしまった。
1　オーケー　　　　2　バック　　　　　3　イメージ　　　4　オーバー

27 その動物は人間に（　　　）を加えることがある。
1　迫害　　　　　　2　障害　　　　　　3　災害　　　　　4　危害

28 若いころはだれでも、理想と現実の（　　　）に悩む。
1　ミス　　　　　　2　バイアス　　　　3　ギャップ　　　4　レギュラー

精解专栏
独家发布

1 正确答案是1。

汉语意思为：这个企划的成功多亏小苗的功劳。

此题重点考查的是动词词义辨析。「負う/おう」意为"多亏、有赖于、借助、借重"。

其他选项分别是　2　おどす→脅す（威胁）

3　借りる→かりる（借）

4　おかす→犯す（违反）

2 正确答案是3。

汉语意思为：请把垃圾收拾一下，放在不显眼的地方。

此题重点考查的是名词词义辨析。「人目」意为"世人眼目、众目"。

其他选项分别是　1　注目→ちゅうもく（注视，关心地看）

2　役目→やくめ（职责，职务）

4　着目→ちゃくもく（着眼）

3 正确答案是2。

汉语意思为：要进一步开阔视野，不要把自己关在自己的生活圈子里。

此题重点考查的是名词词义辨析。错误选项是其他形式或者是含义上比较类似的名词。「視野」意为"视野、眼光、眼界、见识、思路"。

其他选项分别是　1　見地→けんち（见解）

3　視点→してん（视点）

4　観点→かんてん（观点）

4 正确答案是3。

汉语意思为：为了下次比赛，我们要加强队伍的团结。

此题重点考查的是名词词义辨析。错误选项是其他形式或者是含义上比较类似的名词。「結束」意为"捆绑、捆扎、团结"。

其他选项分别是
1　緊密→きんみつ（紧密，密切）
2　親密→しんみつ（亲密，密切）
4　収束→しゅうそく（结束）

5　正确答案是1。

汉语意思为：那个选手，跑步的姿势非常漂亮。

此题重点考查的是外来语词义辨析。「フォーム」意为"形式、样式、型、姿势（特指体育运动的姿势）"。

其他选项分别是
2　ポーズ（摆姿势）
3　ポジション（位置）
4　コントロール（控制）

6　正确答案是4。

汉语意思为：这个照相机操作复杂，评价很差。

此题重点考查的是形容词词义辨析。「ややこしい」意为"复杂、麻烦、难办"。

其他选项分别是
1　あつかましい→厚かましい（厚颜无耻）
2　たくましい→逞しい（健壮）
3　ふさわしい→相応しい（适合）

7　正确答案是2。

汉语意思为：开展新的事业的时候，制定周密的计划是有必要的。

此题重点考查的是形容动词词义辨析。错误选项是其他形式或者是含义上比较类似的形容动词。「綿密」意为"绵密、周密、详尽"。

其他选项分别是
1　繊細な→せんさい（细腻，微妙）
3　零細な→れいさい（零碎，少量）
4　濃密な→のうみつ（浓厚而细腻）

8　正确答案是3。

汉语意思为：大家共同努力工作后，产生了团队责任感。

此题重点考查的是名词词义辨析。「連帯/れんたい」意为"连带、团队责任"。

其他选项分别是　　1　依存→いぞん（依存）

　　　　　　　　　　2　共存→きょうぞん（共存）

　　　　　　　　　　4　連続→れんぞく（连续）

⑨　正确答案是3。

汉语意思为：今后也请多多关照。

此题重点考查的是语法点区别辨析。「何とぞ」有时也写作「何卒」，意为"请、设法、想办法"。例如：何卒ご許可ください/请务必批准。

其他选项分别是　　1　何だか→なんだか（总觉得）

　　　　　　　　　　2　何でも→なんでも（无论如何）

　　　　　　　　　　4　何より→なにより（比什么都好）

⑩　正确答案是1。

汉语意思为：各地区的电视台都报道了那个新闻。

此题重点考查的是动词词义辨析。错误选项是其他形式或者是含义上比较类似的动词。「報じた」意为"报、报答了；通告，报告了"。

其他选项分别是　　2　投じた→とうじる（投入，现身）

　　　　　　　　　　3　配送した→はいそうする（发送，分发）

　　　　　　　　　　4　配布した→はいふする（散发）

⑪　正确答案是2。

汉语意思为：妻子像是很厌烦地说"醉鬼"。

此题重点考查的是语法点区别辨析。「さも/然も」意为"非常、很、实在、真"。例如：さもうれしそうに見える/显得很高兴的样子。

其他选项分别是　　1　いかに（如何）

　　　　　　　　　　3　どうにか（凑合）

　　　　　　　　　　4　もっぱら（专门）

⑫　正确答案是1。

汉语意思为：考试的时候看别人的答案叫做作弊。

此题重点考查的是外来语词义辨析。「カンニング」意为"作弊（特指考试作弊）"。

其他选项分别是　　2　スプリング（春天）

　　　　　　　　　　3　タイミング（时机）

　　　　　　　　　　4　トレーニング（训练）

13 正确答案是1。

汉语意思为：关东地区因为台风而进入暴风圈内。

此题重点考查的是名词词义辨析。选项当中是其他形式或者是含义上比较类似的名词。「圏内」意为"范围以内、圈子里"。

其他选项分别是
2　領内→りょうない（领地内）
3　枠内→わくない（框内）
4　管内→かんない（管内）

14 正确答案是4。

汉语意思为：虹姐作为设计师，有10年的职业经历。

此题重点考查的是外来语词义辨析。「キャリア」意为"履历、经历、职业、生涯"。

其他选项分别是
1　ベテラン（老手）
2　ステータス（地位，职位）
3　ポジション（社会地位，身份）

15 正确答案是2。

汉语意思为：特意说了"一起走吧"，却被无情地拒绝了。

此题重点考查的是形容词词义辨析。「そっけない」意为"冷淡、无情、不客气"。

其他选项分别是
1　ばかばかしく→馬鹿馬鹿しい（荒唐可笑）
3　すまなく→済まない（对不起）
4　いやしく→卑しい（卑微）

16 正确答案是1。

汉语意思为：这个工作虽不需要特别的资格，但是希望会一定程度的日语。

此题重点考查的是形容词词义辨析。「のぞましい」意为"最好、最理想的"。

其他选项分别是
2　ふさわしい→相応しい（相适合）
3　まちどおしい→待ち遠しい（盼望已久）
4　めざましい→目覚しい（惊人的）

17 正确答案是4。

汉语意思为：本酒店所有客房为禁烟室。

　　此题重点考查「当」的用法，表示自己一方的事物，多用于表示自谦，如「当店/とうてん」「当社/とうしゃ」等。「当」用作名词时，意为"正当、恰当、合理"；用作连体词时，意为"这个、现在；当前、当面"。

其他选项分别是　　1　自→じ（自己的）

2　主→しゅ（主要的）

3　実→じつ（实际的）

18　正确答案是1。

汉语意思为：手机到现在为止有在地下不能使用的缺点。

　　此题重点考查的是名词词义辨析。「欠陥/けっかん」意为"缺陷、毛病、缺点"。

其他选项分别是　　2　汚点→おてん（污点）

3　欠落→けつらく（欠缺）

4　弱点→じゃくてん（弱点）

19　正确答案是3。

汉语意思为：本是逆转的机会，但是很遗憾错过了好时机。

　　此题重点考查的是动词词义辨析。错误选项均是词尾为「す」的动词。「逃して」意为"逸失、放过、错过"。

其他选项分别是　　1　こぼして→零す（弄洒）

2　はずして→外す（剥下）

4　落として→おとす（使落下）

20　正确答案是2。

汉语意思为：这个会场能容纳400人。

　　此题重点考查的是名词词义辨析。其他选项是其他形式相似，或者是含义上比较类似的名词。「収容」意为"收容、容纳"。

其他选项分别是　　1　許容→きょよう（容许，允许）

3　収集→しゅうしゅう（收集）

4　占領→せんりょう（占领）

21　正确答案是2。

汉语意思为：相撞的车冲进民宅，差一点酿成大惨案。

　　此题重点考查的是语法点区别辨析。「あわや」意为"眼看就要、眼看着、险些、差点"。其他选项是其他形式相似或者是含义上比较类似的副词。

其他选项分别是　1　まさか（一旦，莫非）

　　　　　　　　　3　きっと（一定）

　　　　　　　　　4　どうやら（好容易才，总觉得）

22　正确答案是1。

汉语意思为：这是关于日本文学概说的书。

此题重点考查的是名词词义辨析。「概説/がいせつ」意为"概说"。

其他选项分别是　2　演説→えんせつ（演说）

　　　　　　　　　3　閲覧→えつらん（阅览）

　　　　　　　　　4　回覧→かいらん（传阅）

23　正确答案是3。

汉语意思为：田中对上司很有礼貌，但是对下属却变得很粗鲁。

此题重点考查的是形容动词词义辨析。其他选项是其他形式或者是含义上比较类似的形容动词。「ぞんざいに」意为"不修边幅；吊儿郎当"。

其他选项分别是　1　おろかに→愚か（别说）

　　　　　　　　　2　おろそかに→疎か（马虎）

　　　　　　　　　4　つきなみに→月並み（平庸）

24　正确答案是2。

汉语意思为：所谓缺点，如果本人感觉不到的话是改不了的。

此题重点考查的是名词词义辨析。「自覚/じかく」意为"认识到、觉悟、自知"。

其他选项分别是　1　向上→こうじょう（向上）

　　　　　　　　　3　意図→いと（意图）

　　　　　　　　　4　意欲→いよく（意愿）

25　正确答案是1。

汉语意思为：图书馆安静得只能听见翻书的声音。

此题重点考查的是动词词义辨析。「めくる」的意思是"翻"，宾语多为薄片状的东西，例如书、牌、瓦片等。

其他选项分别是　2　たたむ→畳む（叠）

　　　　　　　　　3　あたる→当たる（冲撞）

　　　　　　　　　4　ひらく→開く（敞开）

26 正确答案是4。

汉语意思为：这次的旅行，超出了预算很多。

此题重点考查的是外来语词义辨析。「オーバー」意为"超过、越过"，在此题中「オーバー」后加「する」作为サ变动词来活用，有时也会有「オーバーな身ぶり」这样的用法，表示夸张、过火的意思，此时「オーバー」后续名词应用「な」，考生要格外注意。

其他选项分别是　　1　オーケー（好的）
　　　　　　　　　2　バック（后退）
　　　　　　　　　3　イメージ（印象）

27 正确答案是4。

汉语意思为：那种动物有时会伤害人。

此题重点考查的是名词词义辨析。「危害/きがい」意为危害、灾害。其他选项都是结构相似的易混淆项。

其他选项分别是　　1　迫害→はくがい（迫害）
　　　　　　　　　2　障害→しょうがい（障碍）
　　　　　　　　　3　災害→さいがい（灾害）

28 正确答案是3。

汉语意思为：年轻的时候无论是谁都苦恼于理想和现实之间的差异。

此题重点考查的是外来语词义辨析。「ギャップ」意为"分歧、隔阂、差距"。

其他选项分别是　　1　ミス（错误）
　　　　　　　　　2　バイアス（斜条，偏倚）
　　　　　　　　　4　レギュラー（正规的）

模 拟 考 场

限时：4分钟

問題2　（　　　）に入れるのに最もよいものを、1・2・3・4から一つ選びなさい。

7 国際情勢が大きく変化し、今後の市場の動きは全く（　　　）透明だ。
1　無　　　　　2　不　　　　　3　反　　　　　4　非

8 倉庫の隅で、ほこり（　　　）になっている古い人形を見つけた。
1　ばかり　　　2　ぐるみ　　　3　がらみ　　　4　まみれ

9 空腹と疲労で（　　　）になってしまった。
1　ふらふら　　2　たらたら　　3　ぶらぶら　　4　だらだら

10 このアンケートに協力するかしないかは自由で、（　　　）はしないということにしたい。
1　圧迫　　　　2　強制　　　　3　催促　　　　4　一致

11 文学や芸術など（　　　）会話のできる仲間が欲しい。
1　有能な　　　2　賢明な　　　3　利口な　　　4　知的な

12 海燕さんは、いつも（　　　）洋服を着ているので、みんなのあこがれの的だ。
1　エレガントな　　　　　　　2　コントロールな
3　ナンセンスな　　　　　　　4　プラスチックな

13 年をとると、だんだん新しい考え方が（　　　）にくくなる。
1　うけあい　　2　うけいれ　　3　うけとり　　4　うけもち

精 解 专 栏
独家发布

问题2-模拟考场

7 正确答案是2。

汉语意思为：国际形势有很大的变化，今后的市场动向完全不可预测。

此题重点考查的是复合词构成辨析。「不」意为"不、非"。如「不安定/ふあんてい」「不衛生/ふえいせい」「不可能/ふかのう」等。

其他选项分别是　1　無→む（无）
　　　　　　　　3　反→はん（反）
　　　　　　　　4　非→ひ（非）

8 正确答案是4。

汉语意思为：在仓库的角落，找到了沾满灰尘的旧玩偶。

此题重点考查的是语法点区别辨析。「まみれ」直接接在名词后面，意为"玷污、沾满"，如「泥まみれ/净是泥」「汗まみれのシャツ/沾满汗水的衬衫」。

其他选项分别是　1　ばかり（光，净，只有）
　　　　　　　　2　ぐるみ（连带，包括在内）
　　　　　　　　3　がらみ（有两个用法，第一个用法是"包括在内"的意思，用法与「～ぐるみ」相同；第二个用法是"接近、左右"的意思，用法与「～くらい」相同。）

9 正确答案是1。

汉语意思为：因为饥饿和劳累而打晃。

此题重点考查的是副词词义辨析。「ふらふら」意为"蹒跚、摇晃、晃荡"。

其他选项分别是　2　たらたら（滴答滴答）
　　　　　　　　3　ぶらぶら（信步溜达）
　　　　　　　　4　だらだら（滴答滴答）

10 正确答案是2。

汉语意思为：是否协助这项调查是自由的，我想不要强迫。

此题重点考查的是名词词义辨析。其他选项是形式或者是含义上比较类似的名词。「強制/きょうせい」意为"强制、强迫"。

其他选项分别是
1　圧迫→あっぱく（压迫）
3　催促→さいそく（催促）
4　一致→いっち（一致）

11　正确答案是4。

汉语意思为：想要能够谈论文学呀艺术之类的，知性的朋友。

此题重点考查的是形容动词词义辨析。「知的」意为"智慧的、智力的、理智的、理性的"。

其他选项分别是
1　有能な→ゆうのう（有才能的）
2　賢明な→けんめい（贤明的）
3　利口な→りこう（机灵的）

12　正确答案是1。

汉语意思为：海燕小姐总是穿着优雅的衣服，是大家羡慕的对象。

此题重点考查的是外来语词义辨析。「エレガントな」意为"雅致（的）、优美（的）、漂亮的"。

其他选项分别是
2　コントロールな→（控制）
3　ナンセンスな→（无意义）
4　プラスチックな→（塑料的）

13　正确答案是2。

汉语意思为：随着年龄的增长，渐渐变得很难接受新的想法。

此题重点考查的是动词词义辨析。「うけいれ」意为"接纳、容纳、承认、答应"。

其他选项分别是
1　うけあい→請合う（承诺，承担）
3　うけとり→受け取る（领会，接受）
4　うけもち→受け持つ（担任）

问题 3

近义词替换
——答题关键

- 共6道小题，改革前此题型主要为二级考试的内容，改革后不但出现在N1中，在其他级别中也出现了这种题型。此题主要考查考生对同义词、近义词的理解，要求考生不但对画线单词，还要对选项里的单词有所了解。特别是片假名和没有汉字的副词，因为比较抽象，所以对中国考生来说稍有难度。

- 在答题时，首先要读懂语句的意思，然后根据选项选择意思相近的词语。也可以综合对比，使用排除法。如果题目中出现不会的单词时，应沉着地将句子读完，并且根据整个句子大意来推测画线单词的意思，然后将选项代入句中，进行检验是否正确。

免费检测

<u>限时：3分钟</u>

問題3 _____の言葉に意味が最も近いものを、1・2・3・4から一つ選びなさい。

14 あの人は<u>あくどい</u>やり方で金を儲けてきた。
   1 悪質な   2 誠実な   3 特別な   4 立派な

15 昨日、会社の上司に<u>いやみ</u>を言われた。
   1 冗談   2 愚痴   3 皮肉   4 休憩

16 牛さんの手作りのケーキに<u>まさる</u>おやつはない。
   1 あきれる   2 おくれる   3 しびれる   4 すぐれる

17 故障の箇所を<u>丹念</u>に調べる。
   1 ぼうっと   2 ちらっと   3 じっくりと   4 ざっと

18 中国チーム優勝との<u>朗報</u>が入った。
   1 意外な知らせ   2 うれしい知らせ   3 大切な知らせ   4 めずらしい知らせ

19 益銘さんはだれにでもすぐ<u>なじむ</u>人です。
   1 恵まれる   2 逆る   3 飽きる   4 慣れる

正解：1 3 4 3 2 4

精 解 专 栏

独家发布

问题3–免费检测

14 正确答案是1。

汉语意思为：那个人用卑劣的手法赚了钱。

「あくどい」意为"做法过火、恶毒或者毒辣"。其余三个选项均为正面意义的词。

其他选项分别是　2　誠実な→せいじつ（诚实）

　　　　　　　　3　特別な→とくべつ（特别）

　　　　　　　　4　立派な→りっぱ（优秀）

15 正确答案是3。

汉语意思为：昨天被公司的上司挖苦了。

「いやみ/嫌味」，指令人不快的言谈或行为、挖苦、嘲讽。 选项中只有选项3「皮肉/ひにく」有"挖苦、讥讽"的意思。

其他选项分别是　1　冗談→じょうだん（玩笑）

　　　　　　　　2　愚痴→ぐち（牢骚）

　　　　　　　　4　休憩→きゅうけい（休息）

16 正确答案是4。

汉语意思为：再没有比小牛做的蛋糕更好吃的点心了。

「まさる/勝」通常以「～にまさる」的形式出现，意为"比……更好、胜过……"。「優（すぐ）れる」意为"优秀、好"。

其他选项分别是　1　あきれる→呆れる（吃惊，发愣）

　　　　　　　　2　おくれる→遅れる（落后）

　　　　　　　　3　しびれる→痺れる（麻木）

17 正确答案是3。

汉语意思为：仔细查找发生故障的地方。

「丹念/たんねん」意为"精心、细心"，而「じっくり」则有"慢慢地、仔细地、踏踏实实"的意思。

其他选项分别是　1　ぼうっと（模糊，发呆，出神）
　　　　　　　　　2　ちらっと（一闪，偶尔）
　　　　　　　　　4　ざっと（粗略地，简略地）

18 正确答案是2。

汉语意思为：传来了中国队取得冠军的喜讯。

「朗報/ろうほう」意为"喜讯、好消息"。选项当中只有选项2「うれしい知らせ（令人高兴的消息）」符合题意。

其他选项分别是　1　意外な知らせ（意外的消息）
　　　　　　　　　3　大切な知らせ（重要的消息）
　　　　　　　　　4　めずらしい知らせ（罕见的消息）

19 正确答案是4。

汉语意思为：益铭先生是个无论和谁都能马上熟络的人。

「なじむ/馴染む」意为"熟、适应、融合"，而「慣れる」正好也有这一层意思。

其他选项分别是　1　恵まれる→めぐまれる（赋予，富有）
　　　　　　　　　2　逆る→さかる（逆，反）
　　　　　　　　　3　飽きる→あきる（厌倦）

魔鬼训练

1. このイベントは事前に<u>打ち合わせた</u>とおりに行う。
   1 打ち明けた　　2 話し合った　　3 受け継いだ　　4 促した

2. 入学申請書は来週の土曜日まで<u>受け付ける</u>。
   1 受理する　　2 引き付ける　　3 受け渡す　　4 受け継ぐ

3. 最近、高速鉄道の事故にメディアの<u>関心</u>が集まっている。
   1 見込み　　2 好奇心　　3 興味　　4 注目

4. 車で長白山へ行く途中、民家が<u>まばら</u>で夜は寂しい。
   1 にぎやかで　　2 静かで　　3 少なくて　　4 雑然として

5. あの私立学校は不況の荒波を<u>もろに</u>かぶって閉校した。
   1 見事に　　2 直接に　　3 しかたなく　　4 意外に

6. 自分の夢を<u>かなえる</u>ように頑張る。
   1 じつげんさせる　2 みつけられる　　3 わかる　　4 おわらせる

7. テレビを見ながらの食事なんて、<u>もってのほかだ</u>。
   1 みごとだ　　2 おもしろい　　3 とんでもない　　4 面倒だ

8. 彼女にわざと<u>そっけない</u>態度を取る。
   1 謙虚な　　2 明確な　　3 誠実な　　4 冷淡な

9. ノーベル賞を受賞したことは一人前の科学者として認められた<u>あかし</u>だ。
   1 象徴　　2 目的　　3 契機　　4 証明

10. この病気は、次第に全身が衰弱し、<u>ついには</u>死亡するという恐ろしい病気だ。
    1 結局　　2 直ちに　　3 全然　　4 将来

11 毎日、車の音が<u>うるさくてたまらない</u>。
　　1　たえられない　　2　わからない　　3　とまらない　　4　ありえない

12 <u>しいて</u>言えば、私は広州料理を食べたい。
　　1　そして　　　　2　むりに　　　　3　ついに　　　　4　それに

13 林夫人は<u>しとやかな</u>女性だ。
　　1　上品な　　　　2　面倒な　　　　3　活発な　　　　4　きれいな

14 王さんはいつも<u>センスのいい</u>服をしている。
　　1　派手な　　　　2　感覚のいい　　3　きたない　　　4　きつい

15 家からスーパーまで歩けば、<u>少なくとも</u>20分はかかる。
　　1　せいぜい　　　2　たぶん　　　　3　できるだけ　　4　最少にしても

16 村の川が<u>ゆったりと</u>流れる。
　　1　いそいで　　　2　ゆるやかに　　3　ひそかに　　　4　すらすらと

17 苗ちゃんは時間に<u>ルーズ</u>な人だ。
　　1　よわい　　　　2　だらしない　　3　ずうずうしい　4　うるさい

18 落し物が<u>見つかりしだい</u>お知らせします。
　　1　見つかったらすぐ　　　　　　　2　見つかったら
　　3　なくしたら　　　　　　　　　　4　のちほど

19 苦難の中で生き抜くこと、それが<u>すなわち</u>戦いである。
　　1　すこし　　　　2　つまり　　　　3　たしかに　　　4　それに

20 日本国のビザを取得するには<u>わずらわしい</u>手続きをしなければならない。
　　1　きびしい　　　2　おもしろい　　3　めんどうな　　4　かんたんな

21 長寿医療制度を<u>改めて</u>ご説明します。
　　1　まじめに　　　2　もう一度　　　3　直して　　　　4　改革して

22 彼女はきみにまさるところは何もない。

    1　すぐれる　　　　2　はげむ　　　　　3　おとる　　　　　4　いえる

23 語彙数制限のある雑誌ばかり読むと英語はなかなかステップアップできない。

    1　はあく　　　　　2　覚えることが　　3　しんぽ　　　　　4　はなすことが

24 彼の言うことはどうおしはかってもわからない。

    1　考えても　　　　2　見ても　　　　　3　推測しても　　　4　説明しても

精 解 专 栏
独家发布

1 正确答案是2。

汉语意思为：这个活动就按照事先商量的进行。

「打ち合わせる」意为"商量、商谈"，「打ち合わせ会」则意为"碰头会、协商会"。选项2「話し合う」也有商量、商谈的意思。

其他选项分别是
1 打ち明けた→うちあける（坦率地说出）
3 受け継いだ→うけつぐ（继承）
4 促した→うながす（催促）

2 正确答案是1。

汉语意思为：入学申请书受理到下周六。

「受け付ける」意为"受理、采纳"，与此意思相同的选项只有选项1「受理する/じゅりする」。

其他选项分别是
2 引き付ける→ひきつける（吸引，诱惑）
3 受け渡す→うけわたす（交接，收付，授受）
4 受け継ぐ→うけつぐ（继承）

3 正确答案是4。

汉语意思为：最近媒体聚焦于高铁事故。

「関心」意为"关注、感兴趣"，看原句后续动词为「集まる」便可知选项1、2、3都不适合，而「注目が集まる」这一词组则较为常见。

其他选项分别是
1 見込み→みこみ（希望，可能性）
2 好奇心→こうきしん（好奇心）
3 興味→きょうみ（兴趣，兴头）

4 正确答案是3。

汉语意思为：开车去长白山的途中民家稀少，晚上很寂静。

「まばら/疎ら」意为"稀疏"。选项中只有选项3「少ない」的意思符合语境。

其他选项分别是　　　1　にぎやかで→賑やか（热闹）

2　静かで→しずか（安静）

4　雑然として→ざつぜん（乱七八糟）

⑤ 正确答案是2。

汉语意思为：那所私立学校受不景气的恶浪的直接打击，停办了。

「もろに」意为"全面、迎面"，「荒波をもろにかぶる」意为"恶浪劈头盖脸、大浪直接扑打过来"。

其他选项分别是　　　1　見事に→みごと（美丽，精彩）

3　しかたなく→仕方ない（没办法）

4　意外に→いがい（意外）

⑥ 正确答案是1。

汉语意思为：为了实现自己的梦想而努力。

「かなえる/叶える」意为"实现、如愿以偿"。需要注意的是「叶う」与「叶える」前者是自动词，后者是他动词，所以同样是实现梦想，应该是「夢が叶う」与「夢を叶える」，应注意区分记忆。

其他选项分别是　　　2　みつけられる→見つけられる（被发现）

3　わかる→分かる（明白）

4　おわらせる→終わらせる（使之结束）

⑦ 正确答案是3。

汉语意思为：竟然一边看电视一边吃饭，令人无法容忍。

「もってのほか」是指不合情理或者超出常规的事情，多译成"荒谬、岂有此理、荒唐"。选项3也有这个意思。

其他选项分别是　　　1　みごとだ→見事（美丽，精彩）

2　おもしろい→面白い（有意思）

4　面倒だ→めんどう（麻烦）

⑧ 正确答案是4。

汉语意思为：故意对她态度冷淡。

「そっけない/素っ気無い」意为"态度冷淡、无情、不客气"。活用与形容词相同。

其他选项分别是　1　謙虚な→けんきょ（谦虚）
　　　　　　　　　2　明確な→めいかく（明确）
　　　　　　　　　3　誠実な→せいじつ（诚实）

⑨ 正确答案是4。

汉语意思为：获得诺贝尔奖是作为一个优秀的科学工作者被世人承认的证明。

「あかし/証」意为"证据"。选项1代入题干貌似正确，但是意思与「あかし」意思不接近，比较之下，选项4最为贴切。

其他选项分别是　1　象徴→しょうちょう（象征）
　　　　　　　　　2　目的→もくてき（目的）
　　　　　　　　　3　契機→けいき（契机）

⑩ 正确答案是1。

汉语意思为：这种病非常可怕，先是全身逐渐衰弱，最终导致死亡。

「ついには」是一种书面表达方式，表示经过种种曲折最终达到某种结果的情形。注意用法要与「ついに」区别开来。

其他选项分别是　2　直ちに→ただちに（立即，直接）
　　　　　　　　　3　全然→ぜんぜん（完全，根本）
　　　　　　　　　4　将来→しょうらい（将来）

⑪ 正确答案是1。

汉语意思为：每天的车声非常吵闹。

「～てたまらない」作为一个句型应该记住，其原形是「堪る」，经常以否定的形式出现，表示难以忍受，以原形出现时多为反问句。

其他选项分别是　2　わからない→分からない（不明白）
　　　　　　　　　3　とまらない→止まらない（不停止）
　　　　　　　　　4　ありえない→あり得ない（不可能）

⑫ 正确答案是2。

汉语意思为：如果非要说的话，我想吃广州菜。

「しいて/強いて」为副词，可理解为"勉强、强迫"的意思，即选项2的意思。「しいて言えば」作为常用词组应牢记，意为"勉强来说、硬要说的话"。

其他选项分别是　1　そして→（并且，而）

　　　　　　　　　3　ついに→（终于）

　　　　　　　　　4　それに→（而且，更兼）

13　正确答案是1。

汉语意思为：林太太是位端庄的女性。

「しとやか/淑やか」意为"端庄、稳重、文雅"，多指人的仪态，这与长相没有关系，所以排除选项4，而选项1「上品/じょうひん」也有同样的意思。

其他选项分别是　2　面倒な→めんどう（麻烦）

　　　　　　　　　3　活発な→かっぱつ（活跃，活泼）

　　　　　　　　　4　きれいな→きれい（漂亮）

14　正确答案是2。

汉语意思为：小王总是穿着得体。

「センス」是指感觉、品味、审美能力，「センスのいい」意为"有品味、感觉良好"。

其他选项分别是　1　派手な→はで（华丽）

　　　　　　　　　3　きたない→汚い（脏）

　　　　　　　　　4　きつい→きつい（强烈，紧）

15　正确答案是4。

汉语意思为：从家走到超市至少要花20分钟。

「少なくとも」意为"至少、最起码、最小限度"，表示数量程度的最低限。

其他选项分别是　1　せいぜい（顶多，充其量）

　　　　　　　　　2　たぶん（也许）

　　　　　　　　　3　できるだけ（尽可能）

16　正确答案是2。

汉语意思为：村里的小河缓缓流淌。

「ゆったり」在这里是缓缓的、慢慢的之意，这个词还有宽敞舒适、舒畅的意思。

其他选项分别是　1　いそいで→急ぐ（快速，紧急）

　　　　　　　　　3　ひそかに→密か（秘密，偷偷）

　　　　　　　　　4　すらすらと→すらすら（流利地，痛快地）

17　正确答案是2。

汉语意思为：小苗是个没有时间概念的人。

「ルーズ」意为"松懈、散漫、吊儿郎当、松松垮垮"。

其他选项分别是
1　よわい→弱い（弱，浅）
3　ずうずうしい→図々しい（厚颜无耻）
4　うるさい→煩い（吵闹，厌烦）

18　正确答案是1。

汉语意思为：发现失物马上通知您。

动词连用形接「しだい」用以表示某事刚一实现，立即就采取下一步的行动，可译成"一……就……"。

其他选项分别是
2　見つかったら→見つかる（发现）
3　なくしたら→無くす（弄丢，丢失）
4　のちほど（回头，过会儿）

19　正确答案是2。

汉语意思为：在苦难中生活下去，这就是战斗。

「すなわち/即ち」意为"也就是说、正是、就是"。

其他选项分别是
1　すこし（稍微，少量）
3　たしかに（确实，可靠）
4　それに（而且）

20　正确答案是3。

汉语意思为：办理日本的签证必须得履行一些繁琐的手续。

「わずらわしい/煩わしい」意为"麻烦、繁琐、琐碎"。只有选项3有这个意思。

其他选项分别是
1　きびしい→厳しい（严厉，严格）
2　おもしろい→面白い（有趣）
4　かんたんな→簡単（简单）

21　正确答案是2。

汉语意思为：我再来说明一下"长寿医疗制度"。

「改めて」为副词，意为"重新、再"，表示重新进行某种行为。应注意与动词「改める/あらためる」用法上的区别。

其他选项分别是
1　まじめに（认真）
3　直して→直す（改正，修改）
4　改革して→改革する（改革）

22 正确答案是1。

汉语意思为：她没有什么地方能胜过你。

「まさる/勝る」经常以「～まさる」的形式出现，意为"比……好、胜过……"。例如：「健康は富にまさる（健康胜于财富）」。

其他选项分别是
2　はげむ→励む（鼓励）
3　おとる→劣る（不如，比不上）
4　いえる→言える（能说）

23 正确答案是3。

汉语意思为：光读一些词汇数量有局限的杂志，英语是难以提高的。

「ステップアップ」意为"进步、向上或向前进一个台阶"。选项3「しんぽ/進歩」最贴切句子意思。

其他选项分别是
1　はあく→把握（掌握，理解）
2　覚えることが→覚える（记忆）
4　はなすことが→話す（说）

24 正确答案是3。

汉语意思为：他所说的话，无论怎么推测也不明白。

「おしはかる/推し量る」意为"推测、猜想"。其他选项在句中虽然通顺，但是意思与推测之意有所偏离。

其他选项分别是
1　考えても→考える（思考）
2　見ても→見る（看）
4　説明しても→説明する（说明）

模 拟 考 场

限时：3分钟

問題3 ＿＿＿の言葉に意味が最も近いものを、1・2・3・4から一つ選びなさい。

14 先週の集会であの有名な教授と話すチャンスをのがしてしまった。
1 にがしてしまった　　　　　2 はたしてしまった
3 みだしてしまった　　　　　4 つくしてしまった

15 康さんの中国語はぺらぺらだ。
1 流通　　　　2 好調　　　　3 順調　　　　4 流暢

16 彼女の今回の成績は両親の望ましいことだ。
1 うっとうしい　2 このましい　　3 したしい　　4 おそろしい

17 富士吉田市の春の桜と富士山はなだかい。
1 有利だ　　　2 有力だ　　　3 有名だ　　　4 有能だ

18 あの少年は隣の子供をおどして、お金を奪う。
1 こらして　　　2 おびやかして　　3 もよおして　　4 いかして

19 彼女は外国のATMでお金をおろした。
1 借金した　　　2 送金した　　　3 振込みした　　4 貯金を手にした

精解专栏
独家发布

问题3-模拟考场

14 正确答案是1。

汉语意思为：在上周的集会中错失与那个著名的教授谈话的机会。

「のがす/逃す」，意为"错过、放过"，与选项1「にがす」意思相同。「にがす」意为"放、放掉、放跑；没有抓住；错过、丢掉（机会）"。

其他选项分别是　2　はたしてしまった→果たす（完成，实现）

　3　みだしてしまった→乱す（弄乱，扰乱）

　4　つくしてしまった→尽くす（竭力，效劳）

15 正确答案是4。

汉语意思为：康小姐的汉语很流利。

「ぺらぺら」是流利的意思，与「流暢/りゅうちょう」意思相同。其他选项均为意思相似的名词。「流暢」意为"流利、流畅"。

其他选项分别是　1　流通→りゅうつう（流通）

　2　好調→こうちょう（顺利）

　3　順調→じゅんちょう（顺利，良好）

16 正确答案是2。

汉语意思为：她这次的成绩是父母所期望的。

「望ましい」意为"最理想、最好"。其他选项意思根本不符合句子意思。「このましい」意为"令人喜欢的、令人满意的"。

其他选项分别是　1　うっとうしい→鬱陶しい（阴郁，沉闷）

　3　したしい→親しい（亲密，亲切）

　4　おそろしい→恐ろしい（可怕，厉害）

17 正确答案是3。

汉语意思为：富士吉田市春天的樱花和富士山很有名。

「なだかい/名高い」意为"有名、著名、出名"，与选项3的意思相同。

其他选项分别是
　　1　有利だ→ゆうり（有利）
　　2　有力だ→ゆうりょく（有力）
　　4　有能だ→ゆうのう（能干）

18 正确答案是2。

汉语意思为：那个少年恐吓邻居家的孩子交出钱来。

「おどす/脅す」意思与「脅（おびや）かす」相同，意为"恐吓、威逼、吓唬"。

其他选项分别是
　　1　こらして→凝らす（集中）
　　3　もよおして→催す（举行，举办）
　　4　いかして→生かす（有效利用）

19 正确答案是4。

汉语意思为：她在国外的自动取款机取钱了。

「お金をおろす」是取钱的最为常用的说法，而不是用「取る」这个词。「貯金を手にした」意为"取钱"。

其他选项分别是
　　1　借金した→しゃっきん（借钱）
　　2　送金した→そうきん（汇钱）
　　3　振込みした→ふりこみ（存入，拨入）

问题 4

词 语 用 法
——答题关键

● 共6道小题，主要考查的是词语的正确用法，在改革前后此题在题量上只增加了一道题，考查重点并没有发生太大变化。但是N1改革大纲中已经明确指出，今后考试的方向要重视考生的日语实际应用能力，因此在背诵单词的时候，不但要记住其发音和写法，还应该掌握单词的意思以及运用方法及惯用形式，这重点在于平时的知识积累，特别是当用汉字的意思与汉语意思偏差较大的单词，应做重点记忆，语感较强的考生应该在此题中充分发挥自己的长处。

免费检测

限时：6分钟

問題4　次の言葉の使い方として最もよいものを、1・2・3・4から一つ選びなさい。

20 意欲

　1　彼女は周りの意見に流されず自分の意欲で進路を決めた。

　2　学生の勉強意欲を引き出すことが大きな課題だ。

　3　自由とは自らを束縛する意欲から解放されることだ。

　4　契約の内容は取引先の意欲に沿ったものである。

21 密集

　1　この辺りはデパートが密集している。

　2　私の趣味は切手を密集することだ。

　3　この映画には有名な俳優が密集している。

　4　例会の時間になると、メンバーを密集する。

22 臆病

　1　彼は臆病してわざと授業をサボった。

　2　今日のパーティーはどのワンピースで行くか臆病している。

　3　祖父は臆病で入院した。

　4　臆病な私はホラー映画なんか全然見れない。

23 貫く

　1　彼は危険な戦場に貫いてニュースを伝えようとした。

　2　崔さんは最後まで自分の主張を貫いた。

　3　外国の生活はなかなか貫けないものだ。

　4　日ごろの努力が今日の成功に貫いてくれた。

24 うぬぼれる

1 海辺を散歩していたら、うぬぼれそうになっている女を見かけた。

2 弟がうぬぼれるとき、彼はいつも励ましてあげた。

3 彼はいつも自分の長所にうぬぼれている。

4 今の小学生はテレビゲームにうぬぼれている人が多い。

25 デザート

1 各デザートでクリスマス商戦がピークを迎えている。

2 食事の後に出される果物や菓子のことをデザートという。

3 彼女のネックレスのデザートが好きです。

4 パソコンのデザートのバックアップをしたほうがいいです。

精 解 专 栏
独家发布

20 正确答案是2。

汉语意思为：激发学生的学习热情是个很大的课题。

「意欲/いよく」意为"意志、热情、积极性"，多指积极想做某事的态度或心理态度。其他选项画线单词与句意不符。

其他选项应该是
1	彼女は周りの意見に流されず自分の意志で進路を決めた。/她没有盲目跟随周围人的意见，而是按自己的意志决定将来的路。
3	自由とは自らを束縛する意識から解放されることだ。/所谓的自由是指将自己从自我约束的意识当中解放出来。
4	契約の内容は取引先の意思に沿ったものである。/合同的内容是按照客户的意思（来做的）。

21 正确答案是1。

汉语意思为：这一带百货商店很密集。

「密集/みっしゅう」意为"密集、稠密"，多指没有间隙地非常紧密地集合在一起。其他选项画线单词与句意不符。

其他选项应该是
2	私の趣味は切手を収集することだ。/我的兴趣爱好是收集邮票。
3	この映画には有名な俳優が集中している。/这个电影汇集了著名的演员。
4	例会の時間になると、メンバーを招集する。/一到例会的时间，就会招集成员。

22 正确答案是4。

汉语意思为：我很胆小，根本看不了恐怖电影。

「臆病/おくびょう」意为"胆怯、胆小、怯懦"，多指对一点点的小事也会感到害怕。其他选项画线单词与句意不符。

其他选项应该是　1　彼は<u>仮病</u>してわざと授業をサボった。/他装病故意逃课。
　　　　　　　　　2　今日のパーティーはどのワンピースで行くか<u>迷って</u>いる。/正在发愁穿哪件连衣裙去参加派对。
　　　　　　　　　3　祖父は<u>病気</u>で入院した。/祖父生病住院了。

23　正确答案是2。

汉语意思为：崔先生始终坚持自己的主张。

「貫く/つらぬく」意为"穿过、贯通、坚持"，多指贯彻始终或者是从一端穿到另一端的意思。其他选项画线单词与句意不符。

其他选项应该是　1　彼は危険な戦場を<u>駆け抜けて</u>ニュースを伝えようとした。/他穿越危险的战场报道新闻。
　　　　　　　　　3　外国の生活はなかなか<u>慣れない</u>ものだ。/难以适应外国的生活。
　　　　　　　　　4　日ごろの努力が今日の成功を<u>遂げて</u>くれた。/平时的努力铸就了今天的成功。

24　正确答案是3。

汉语意思为：他总是对自己的长处感觉很得意。

「うぬぼれる/自惚れる」意为"自负、自大、骄傲"，多指过高评价自己。其他选项画线单词与句意不符。

其他选项应该是　1　海辺を散歩していたら、<u>溺れ</u>そうになっている女を見かけた。/在海边散步，发现了溺水的女性。
　　　　　　　　　2　弟が<u>落ち込む</u>とき、彼はいつも励ましてあげた。/弟弟情绪低落的时候，他总是鼓励弟弟。
　　　　　　　　　4　今の小学生はテレビゲームに<u>熱中</u>する人が多い。/现在沉迷于电视游戏的小学生很多。

25　正确答案是2。

汉语意思为：饭后拿出来的水果或点心叫做甜点。

「デザート」意为"餐后点心、甜食"。其他选项均为拼写相似的混淆项。

其他选项应该是　1　各<u>デパート</u>でクリスマス商戦がピークを迎えている。/各大商店迎来了圣诞节商战的高潮。
　　　　　　　　　3　彼女のネックレスの<u>デザイン</u>が好きです。/我喜欢她的项链的设计。
　　　　　　　　　4　パソコンの<u>データ</u>のバックアップをしたほうがいいです。/备份电脑里的数据比较好些。

魔鬼训练

1. 潔い
   1 泣いている子供は「僕は潔いだ」と主張している。
   2 幼稚園で手を潔くなるまで洗うことを励みます。
   3 この課のポイントを潔く学生に説明した。
   4 間違ったと思ったら、潔く謝ってください。

2. 綿密
   1 彼は綿密な計画を立てるのが得意のだ。
   2 この機械の綿密度が非常に高い。
   3 彼と彼女の綿密な関係を持っている。
   4 これは綿密で、だれにも言わないでください。

3. しんなり
   1 彼の告白をしんなり断った。
   2 ほうれん草をしんなりする程度までゆでる。
   3 夏なのにこの部屋はしんなりとして気持ちいい。
   4 その件は考えただけでしんなりする。

4. 退屈
   1 退屈は結構だが、実行は難しい。
   2 長白山は吉林省で退屈の名勝でよく知られている。
   3 夏休みは何もすることがなくて退屈だ。
   4 今回の試合に負けたが、いつか必ずこの退屈を晴らす。

5. 意地
   1 午後の例会で、この調査の意地を説明した。
   2 彼のような意地を張る人が嫌い。
   3 彼女は何がやりたいのか、意地がはっきりしない。
   4 お客さんの意地に沿って契約書を作った。

6 発足

1 この事件の発足時間は今朝六時です。

2 このサークルは今学期発足したばかりです。

3 あの会社はまた新しい技術を発足した。

4 この出版社は新聞紙の発足をやめたいそうです。

7 打ち込む

1 最近失恋して打ち込んでいる。

2 つい友達にそのことを打ち込んだ。

3 電話でドアの専門店のマスター王さんと食事の場所を打ち込んだ。

4 夢に向けて、がむしゃらに仕事に打ち込んだ。

8 だし

1 ウィスキーを飲むとき、だしを入れたほうがいい。

2 アイスの中に、だしがあるから甘い。

3 昆布でだしをとる。

4 刺身を食べるとき、だしを醤油の中に入れて食べる。

9 斡旋

1 売り手と買い手の間を斡旋する。

2 彼氏と結婚式のことを斡旋する。

3 この会社で日本語を自由に斡旋できる人が多い。

4 戦争が終わって、大軍が斡旋してきた。

10 いくさ

1 彼はいくさ食べても太らない。

2 いくさを見て矢をはぐ。

3 もうすぐ暗くなるから、いくさ行きましょう。

4 彼女は行儀いくさを心得ている。

11 授ける

1 期末、学生に皆勤賞を授ける。

2 学生幹部で討論の結果、新しい規則が授けられた。

3 山田は先生の言葉を授けて、自分の意見を述べる。

4 彼女は自分がじゃまものであることを授けり、帰った。

12 にぎわう

1　県立図書室はいろいろな本がにぎわっている。

2　ラッシュアワーの電車はサラリーマンでにぎわっている。

3　隣の公園はいつも緑でにぎわっている。

4　休日前のレストランはいつもにぎわっている。

13 和える

1　音楽を聴いてストレスを和える。

2　冗談を言って緊張した雰囲気を和える。

3　ゆでたほうれん草をゴマで和える。

4　喧嘩した子供はやっと仲を和えた。

14 カテゴリー

1　パソコンを起動させるためには、六桁のカテゴリーが必要だ。

2　資料をカテゴリー別に分類して、管理する。

3　居酒屋でよくカテゴリーを飲む。

4　そのドアはカテゴリーに開け閉めする装置が付いている。

15 奉仕

1　香港の有名人はよく奉仕活動に参加するそうです。

2　私はレストランでアルバイトして、毎月5万円の奉仕がもらえる。

3　この携帯の通話料が高い、毎月1000円多く奉仕される。

4　「ご主人はどこで働いていますか。」「外務省に奉仕しています。」

16 つくづく

1　つくづく資料を会社に忘れてしまった。

2　失業してから金がない生活のつらさをつくづくと感じた。

3　あの人はどこまでつくづくのだろう。

4　試合に負けてつくづく思いをした。

17 腹がたつ

1　食べ過ぎて腹がたってきた。

2　彼は腹がたつから失敗しても落ち着いている。

3　ご褒美として上司は腹がたってごちそうしてくれた。

4　最近よく停電して本当に腹がたつ。

18 ひとまず

1 今日の授業はひとまずこれで終わりにしよう。

2 お風呂に入ったらひとまず立ってから外に出よう。

3 この機械はひとまず動かすとすぐには止められない。

4 この解決案はひとまずしか効果がないだろう。

19 てっきり

1 王君はてっきりしているから、その件は任せてもいいと思う。

2 最近忙しくて友達の結婚式をてっきり忘れてしまった。

3 てっきり母親だと思ったら、姉が部屋に入ってきた。

4 彼女の日本語の発音がてっきりして、わかりやすい。

20 ポイ捨て

1 山ではタバコのポイ捨てをやめましょう。

2 粗大ごみは指定された場所にポイ捨てしてください。

3 彼とポイ捨てから淋しい毎日です。

4 海辺できれいな貝をポイ捨てして、家に持って帰った。

21 当てはまる

1 先週宝くじに当てはまった。

2 彼を部長当てはまって扱う。

3 この規則は当てはまらない場合もある。

4 息子は教師の父親と当てはまって、弁護士になった。

22 ベスト

1 今回の試合は必ずベストを尽す。

2 試験の点数は前回より今回のほうがすこしベストだ。

3 エンジニアの育成の面ではあの学校は断然ベストしている。

4 ベストレディとして彼女はそれだけの値打ちがある。

23 甘える

1 彼氏を甘えて高い洋服を買ってもらった。

2 隣の子供は甘えてしょうがない。

3 あの男は甘える言葉で女性を誘惑するなんて最低だ。

4 祖父母は孫の私をいつも甘えてくれる。

24 満喫

1　夏休みを満喫した。

2　朝8時ごろの電車はいつも満喫です。

3　この無料配布の資料は周辺グルメの情報が満喫している。

4　孫のほしいものなら何でも満喫させてあげたい。

精 解 专 栏
独家发布

问题4-魔鬼训练

1 正确答案是4。

汉语意思为：如果觉得自己错了，就痛快地道个歉。

「潔い/いさぎよい」意为"干脆、痛快"。多指大胆的、纯洁的、令人心情愉悦的意思。其他选项画线单词与句意不符。

其他选项应该是
1 泣いている子供は「僕は潔白だ」と主張している。/孩子哭着申辩说「不关我的事」。
2 幼稚園で手を清潔になるまで洗うことを励みます。/在幼儿园鼓励把手洗干净。
3 この課のポイントを簡潔に学生に説明した。/把这一课的重点简明地向学生说明了。

2 正确答案是1。

汉语意思为：他擅长做周密的计划。

「綿密/めんみつ」意为"绵密、周密、详尽"，多用来形容计划、观察、搜查等名词或动词。其他选项画线单词与句意不符。

其他选项应该是
2 この機械の精密度が非常に高い。/这个机器的精密度非常高。
3 彼と彼女の親密な関係を持っている。/他和她的关系很亲密。
4 これは秘密で、だれにも言わないでください。/这个是秘密，对谁都不要说。

3 正确答案是2。

汉语意思为：把菠菜焯软。

「しんなり」意为"柔软、发蔫"。其他选项均为拼写相似的副词，应注意区别记忆。

其他选项应该是
1 彼の告白をやんわり断った。/委婉地拒绝了他的告白。
3 夏なのにこの部屋はひんやりとして気持ちいい。/虽然是夏天但是这个房间很凉爽，非常舒服。
4 その件は考えただけでうんざりする。/那件事，光是想想就很厌烦。

4 正确答案是3。

汉语意思为：暑假没什么可做的，很无聊。

「退屈/たいくつ」意为"无聊、厌倦"。其他选项均为汉字相似的副词与句意不符。

其他选项应该是
1 理屈は結構だが、実行は難しい。/理论上很好，但是实际执行起来很难。
2 長白山は吉林省で屈指の名勝でよく知られている。/长白山在吉林省是数一数二的名胜，很有名。
4 今回の試合に負けたが、いつか必ずこの屈辱を晴らす。/这次的比赛虽然输了，但是总有一天会雪耻的。

5 正确答案是2。

汉语意思为：我讨厌像他那样固执的人。

「意地/いじ」意为"倔强、意气用事、贪婪、用心"。经常以「意地を張る」的形式出现，表示倔强的意思。其他选项画线单词与句意不符。

其他选项应该是
1 午後の例会で、この調査の意図を説明した。/在下午的例会上把这次调查的目的说明了。
3 彼女は何がやりたいのか、意識がはっきりしない。/她并不清楚自己到底想干什么。
4 お客さんの意思に沿って契約書を作った。/按照客人的意思做了合同。

6 正确答案是2。

汉语意思为：这个社团是本学期刚成立的。

「発足/ほっそく」意为"出发、动身、开始活动、成立"。其他选项画线单词与句意不符。

其他选项应该是
1 この事件の発生時間は今朝六時です。/这个事件的发生时间是今天早上的六点。
3 あの会社はまた新しい技術を開発した。/那个公司又开发了新技术。
4 この出版社は新聞紙の発行をやめたいそうです。/这个出版社好像要停办报纸。

7 正确答案是4。

汉语意思为：朝向梦想，拼命地工作。

「打ち込む/うちこむ」意为"热衷、专心致志；砸进（钉子等）"。除了炮弹、枪弹、钉子等打进、砸进、钉进的意思之外，还有沉迷于某件事的意思。其他选项画线单词

与句意不符。

其他选项应该是　1　最近失恋して<u>落ち込んでいる</u>。/最近因为失恋情绪很低落。

　　　　　　　2　つい友達にそのことを<u>打ち明けた</u>。/无意中把那件事和朋友说出来了。

　　　　　　　3　電話でドアの専門店のマスター王さんと食事の場所を<u>打ち合わせた</u>。/用电话和门店王老板商量吃饭的地方。

⑧ 正确答案是3。

汉语意思为：煮海带提取汤汁。

「だし」作为汤汁，在日本料理中是最基本的调料之一。此外这个词还有利用工具、诱饵的意思。其他选项画线单词与句意不符，均为混淆项。

其他选项应该是　1　ウィスキーを飲むとき、<u>こおり</u>を入れたほうがいい。/喝威士忌的时候放冰块比较好喝。

　　　　　　　2　アイスの中に、<u>糖分</u>があるから甘い。/在冰激凌中因为含有糖分所以很甜。

　　　　　　　4　刺身を食べるとき、<u>わさび</u>を醤油の中に入れて食べる。/吃生鱼片的时候，将芥末放在酱油里吃。

⑨ 正确答案是1。

汉语意思为：在卖家和买家之间斡旋。

「斡旋/あっせん」意为"斡旋、介绍"，多指为了使事情顺利进展而进行的人与人之间的联系。其他选项画线单词与句意不符。

其他选项应该是　2　彼氏と結婚式のことを<u>相談</u>する。/和男朋友商量结婚仪式的事情。

　　　　　　　3　この会社で日本語を自由に<u>操る</u>人が多い。/这个公司会日语的人很多。

　　　　　　　4　戦争が終わって、大軍が<u>凱旋</u>してきた。/战争结束后，大军凯旋了。

⑩ 正确答案是2。

汉语意思为：临阵磨枪。

「いくさ/戦」意为"战斗、战争"。其他选项画线单词与句意不符，均为混淆项。

其他选项应该是　1　彼は<u>いくら</u>食べても太らない。/他无论怎么吃都不胖。

　　　　　　　3　もうすぐ暗くなるから、<u>急いで</u>行きましょう。/马上就要天黑了，赶紧走吧。

　　　　　　　4　彼女は<u>行儀作法</u>を心得ている。/她很了解礼节规矩。

11 正确答案是1。

汉语意思为：期末的时候授予学生全勤奖。

「授ける/さずける」意为"授予、赐给"，多在辈分高的人给予辈分低的人名誉或物品时使用。其他选项画线单词与句意不符。

其他选项应该是

2 学生幹部で討論の結果、新しい規則が決められた。/学生干部经过讨论，结果决定了新的规章。

3 山田は先生の言葉を借りて、自分の意見を述べる。/山田借助老师的话阐述了自己的见解。

4 彼女は自分がじゃまものであることを分かっていて、帰った。/她知道自己很碍事所以回去了。

12 正确答案是4。

汉语意思为：节假日前的餐厅总是很拥挤。

「にぎわう/賑わう」意为"热闹、兴旺、拥挤"，多用来形容人多熙熙攘攘的场景。其他选项画线单词与句意不符，均为混淆项。

其他选项应该是

1 県立図書室はいろいろな本が揃っている。/县立图书室里聚集了各种书。

2 ラッシュアワーの電車はサラリーマンで騒いでいる。/上下班高峰期的电车里挤满了上班族。

3 隣の公園はいつも緑で囲まれている。/旁边的公园里总是绿色环绕。

13 正确答案是3。

汉语意思为：将焯好的菠菜用芝麻来拌。

「和える/あえる」意为"调制、拌"，多指将蔬菜或者海鲜类等加上酱、芝麻、醋、辣椒等调料搅拌。其他选项画线单词与句意不符，均为混淆项。

其他选项应该是

1 音楽を聴いてストレスを解消する。/听音乐解除精神疲劳。

2 冗談を言って緊張した雰囲気を緩和する。/开玩笑缓解紧张气氛。

4 喧嘩した子供はやっと仲を直した。/吵架的孩子终于和好了。

14 正确答案是2。

汉语意思为：将资料分门别类进行管理。

「カテゴリー」意为"范畴"，指人们认知事物时最根本的、具有普通性的基本概念。其他选项画线单词与句意不符。

其他选项应该是　1　パソコンを起動させるためには、六桁の<u>パスワード</u>が必要
だ。/启动电脑是需要六位数的密码的。

　3　居酒屋でよく<u>カクテル</u>を飲む。/经常在小酒馆里喝鸡尾酒。

　4　そのドアは自動的に<u>開け閉め</u>する装置が付いている。/那个门
装有自动开关的装置。

15　正确答案是1。

汉语意思为：听说香港的名人经常参加公益活动。

「奉仕/ほうし」意为"不计报酬而服务、效劳、效力"，多指免费做某事或是商家
特价促销。其他选项没有免费做贡献的意思，均为混淆项。

其他选项应该是　2　私はレストランでアルバイトして、毎月5万円の<u>給料</u>がもらえる。/
我在餐厅打工，每个月能挣5万日元。

　3　この携帯の通話料が高い、毎月1000円多く<u>徴収</u>される。/这个
手机话费高，每个月要被多收1000日元。

　4　「ご主人はどこで働いていますか。」「外務省に<u>奉職</u>してい
ます。」/"您先生在哪高就？""在外务省任职。"

16　正确答案是2。

汉语意思为：失业后深刻地感受到没有钱的生活的艰难。

「つくづく」意为"痛彻、深切"，多指用心去思考、去感受的意思。其他选项画线
单词与句意不符，均为混淆项。

其他选项应该是　1　<u>やはり</u>資料を会社に忘れてしまった。/资料果然还是落在公司了。

　3　あの人はどこまで<u>ずうずうしい</u>のだろう。/那个人真是太厚颜
无耻了。

　4　試合に負けて<u>つらい</u>思いをした。/输了比赛，很难受。

17　正确答案是4。

汉语意思为：最近总停电真是气愤。

「腹がたつ」是惯用句，意为"生气、不满"。其他选项均为常用词组，应了解其用
法并区别记忆。

其他选项应该是　1　食べ過ぎて<u>腹がいっぱい</u>になった。/吃多了，肚子饱饱的。

　2　彼は<u>腹が太い</u>から失敗しても落ち着いている。/他度量大，失
败了也很沉着。

　3　ご褒美として上司は<u>腹が痛んで</u>ごちそうしてくれた。/作为奖
励，上司自掏腰包请我吃饭了。

18 正确答案是1。

汉语意思为：今天的课就上到这。

「ひとまず/一まず」意为"暂且、姑且、暂时"。其他选项画线单词与句意不符。

其他选项应该是　2　お風呂に入ったらしばらく立ってから外に出よう。/泡完澡稍微站一会儿再出去。

　3　この機械はひとたび動かすとすぐには止められない。/这个机器一旦动起来的话，不能马上停止。

　4　この解決案は一時的にしか効果がないだろう。/这个解决方案只有一时的效果吧。

19 正确答案是3。

汉语意思为：我本想肯定是母亲，结果姐姐却进到房间里来了。

「てっきり」意为"一定、肯定"，是副词，多用于表达"一定、必定、无疑"之类的句子中。其他选项画线单词均为混淆项。

其他选项应该是　1　王君はしっかりしているから、その件は任せてもいいと思う。/小王很可靠，我觉得那件事可以拜托他。

　2　最近忙しくて友達の結婚式をすっかり忘れてしまった。/最近忙得把朋友的结婚仪式忘得一干二净。

　4　彼女の日本語の発音がはっきりして、わかりやすい。/她的日语发音很清晰，很容易懂。

20 正确答案是1。

汉语意思为：禁止在山上乱扔烟头。

「ポイ捨て」意为"随手扔掉、乱扔"，多指不分场所乱扔垃圾的意思。判断此题应充分了解「ポイ捨て」的含义，不要错用。

其他选项应该是　2　粗大ごみは指定された場所に捨ててください。/请将大型垃圾扔在指定地点。

　3　彼と別れてから淋しい毎日です。/和男朋友分手后，每天都很寂寞。

　4　海辺できれいな貝を拾って、家に持って帰った。/在海边捡了漂亮的贝壳，拿回家了。

21 正确答案是3。

汉语意思为：这个规则也有不适用的时候。

「当てはまる」意为"适用、适合、恰当"。其他选项画线单词与句意不符，均为混淆项。

其他选项应该是

1 先週宝くじに<u>当った</u>。/上周我买彩票中了。
2 彼を部長<u>として</u>扱う。/把他当作部长来接待。
4 息子は教師の父親と<u>違って</u>、弁護士になった。/儿子与当老师的父亲不同，成为了律师。

22 正确答案是1。

汉语意思为：这次比赛我一定尽全力。

「ベスト」意为"最好、最善、全力"。其他选项画线处应填单词与「ベスト」意思相近，但是使用场景不同。

其他选项应该是

2 試験の点数は前回より今回のほうがすこし<u>高い</u>だ。/这次的考试分数比上次稍微高一些。
3 エンジニアの育成の面ではあの学校は断然<u>リード</u>している。/在培养工程师方面，那个学校俨然领先。
4 <u>トップ</u>レディとして彼女はそれだけの値打ちがある。/作为元首夫人，她确实名不虚传。

23 正确答案是2。

汉语意思为：邻居家的孩子撒娇得不得了。

「甘える/あまえる」意为"撒娇、利用"，多指不客气地接受他人的亲切和好意。撒娇的对象后面一般用助词「に」。

其他选项应该是

1 彼氏に<u>甘えて</u>高い洋服を買ってもらった。/向男朋友撒娇，让他买了很贵的衣服。
3 あの男は<u>甘い</u>言葉で女性を誘惑するなんて最低だ。/那个男的用甜言蜜语勾引女的，真可耻。
4 祖父母は孫の私をいつも<u>甘やかして</u>くれる。/祖父母总是很宠我这个孙子。

24 正确答案是1。

汉语意思为：充分享受了暑假。

「満喫/まんきつ」意为"饱尝、充分领略、享受"。其他选项画线单词与句意不符，均为混淆项。

其他选项应该是

2 朝8時ごろの電車はいつも<u>満員</u>です。/早上8点的电车总是满员。
3 この無料配布の資料は周辺グルメの情報が<u>満載</u>している。/这个免费的派发资料上登满了周边美食的信息。
4 孫のほしいものなら何でも<u>満足</u>させてあげたい。/只要是孙子想要的东西，什么都想满足他。

模 拟 考 场

<u>限时：6分钟</u>

問題4　次の言葉の使い方として最もよいものを、1・2・3・4から一つ選びなさい。

20　一律

1　パーティーに会費として男女とも<u>一律</u>4000円を集める。

2　三つの提案を<u>一律</u>上程する。

3　来週の会議は私と部長は<u>一律</u>に出席する。

4　みんな<u>一律</u>に社長の意見に反対した。

21　ならびに

1　家に帰った<u>ならびに</u>タバコを買った。

2　携帯で電話をする<u>ならびに</u>顔にパックをする。

3　各国の首相<u>ならびに</u>外相が式典に参加した。

4　初売りの時に、店で<u>ならびに</u>買い物をした。

22　手配

1　李さん、お菓子をみんなに<u>手配</u>してください。

2　デモを防止するには警察が要所に人員を<u>手配</u>した。

3　授業は<u>手配</u>どおりに進行している。

4　このポンプは<u>手配</u>ポンプです。

23　びしょびしょ

1　おい、何を<u>びしょびしょ</u>しているの。

2　締め切り<u>びしょびしょ</u>まで原稿を書く。

3　社長は<u>びしょびしょ</u>会社の飲み会に顔を出す。

4　雨でシャツが<u>びしょびしょ</u>になった。

24 ルーズ

    1 あの男は異性関係に<u>ルーズ</u>な人だ。

    2 大雨でバスの<u>ルーズ</u>が変わった。

    3 今度こそ合格したいので、<u>ルーズ</u>に勉強した。

    4 今<u>ルーズ</u>をつける女性は少なくなってきた。

25 オンライン

    1 先方の考えと弊社の考えはほぼ<u>オンライン</u>だ。

    2 絶対最後の<u>オンライン</u>を守る。

    3 テレビゲームは<u>オンライン</u>で同時に楽しめる。

    4 今資料をインターネットから<u>オンライン</u>する。

正解：1 3 2 4 1 3

精 解 专 栏
独家发布

20 正确答案是1。

汉语意思为：作为晚会的会费，男女一律收4000日元。

「一律/いちりつ」意为"一律、一样"，表示所有的都一样，没有例外。其他选项画线单词与句意不符，均为混淆项。

其他选项应该是
2 三つの提案を<u>一括</u>上程する。/把三个议案汇总提交会议讨论。
3 来週の会議は私と部長は<u>一緒</u>に出席する。/我和部长一起出席下周的会议。
4 みんな<u>一斉</u>に社長の意見に反対した。/大家一起反对社长的意见。

21 正确答案是3。

汉语意思为：各国元首及外交部长参加了庆典。

「ならびに」意为"和、及、以及"。其他选项画线单词与句意不符。

其他选项应该是
1 家に帰った。<u>ついでに</u>タバコを買った。/回家了，还顺便买了烟。
2 携帯で電話をする<u>同時</u>に顔にパックをする。/在打手机的同时做面膜。
4 初売りの時に、店で<u>並んで</u>買い物をした。/新年开张的时候，在店前排队购买。

22 正确答案是2。

汉语意思为：为了防止游行示威，警察在每个重要地点都布置了人手。

「手配/てはい」指安排事物或者是部署逮捕犯人的意思。其他选项画线单词与句意不符。

其他选项应该是
1 李さん、お菓子をみんなに<u>配って</u>ください。/小李，把点心发给大家。
3 授業は<u>計画</u>どおりに進行している。/课程按照计划进行。
4 このポンプは<u>手動</u>ポンプです。/这个泵是手动的泵。

[23] 正确答案是4。

汉语意思为：因为下雨，衬衫被淋得湿漉漉的。

「びしょびしょ」意为"湿透"，多形容大量的雨或者水不断地下或是淋到的样子。其他选项画线单词与句意不符，均为混淆项。

其他选项应该是　1　おい、何を<u>きょろきょろ</u>しているの。/喂！你在东张西望的干什么？

2　締め切り<u>ぎりぎり</u>まで原稿を書く。/一直写到交稿的期限。

3　社長は<u>しょっちゅう</u>会社の飲み会に顔を出す。/社长经常出席公司的酒会。

[24] 正确答案是1。

汉语意思为：那个男的是个对男女关系不检点的人。

「ルーズ」意为"松懈、松弛、散漫"，多指规章制度不严谨，或者做人吊儿郎当的样子。

其他选项应该是　2　大雨でバスの<u>ルート</u>が変わった。/因为大雨，公交车的路线改变了。

3　今度こそ合格したいので、<u>ろく</u>に勉強した。/因为下次想要及格，所以认真地学习了。

4　今<u>ルージュ</u>をつける女性は少なくなってきた。/现在涂口红的女性变少了。

[25] 正确答案是3。

汉语意思为：电子游戏可以联网玩。

「オンライン」意为"在线、联机、联网"。其他选项画线单词与句意不符，均为混淆项。

其他选项应该是　1　先方の考えと弊社の考えはほぼ<u>同じ</u>だ。/客户的想法与本公司的想法基本一致。

2　絶対最後の<u>一線</u>を守る。/一定要坚守最后的一条线。

4　今資料をインターネットから<u>ダウンロード</u>する。/现在正在网上下载资料。

问题 5

选择填空
——答题关键

- 本题有10道小题，主要考查句型的意思及用法，改革后的语法题量没有太大变化，形式为填空题，比较简单。从近两年的考试题目中可以看出，有些N2级水平的题目也会出现在N1级考卷中，所以在平时备考时不能仅局限于N1的语法和句型资料。

- 在答题时一定要注意前后的接续、时态以及前后呼应的词语等。有些句型是根据动词或者副词的词义延伸而来的，因此句型应该一边分析一边记忆。

- 此外，敬语也是历年的考试重点，希望考生能够弄清授受关系的词语和句型，以及敬语和自谦语的表达方式等。

免费检测

限时：10分钟

問題5　次の文の（　　　）に入れるのに最もよいものを、1・2・3・4から一つ選びなさい。

26　家の広さも考えず、店員に勧められる（　　　）、大きい本棚を買ってしまった。
1　まま　　　　　　2　ままを　　　　　　3　ままでも　　　　4　ままなのに

27　夜中に間違い電話をかけてきて謝りもしないとは、失礼（　　　）。
1　ではいられない2　極まりない　　　　3　でならない　　　4　に越したことはない

28　張り紙には関係者以外、立ち入る（　　　）と書いてある。
1　を禁じ得ない　2　にかたくない　3　きらいがある　4　べからず

29　私利私欲を離れて、被災者のために尽くしている彼女の姿は、人々の心を（　　　）。
1　動かすにあたらない　　　　　　　　2　動かすまでもない
3　動かすきらいがある　　　　　　　　4　動かさずにはいかない

30　月曜の朝で道が込んでいるそうだが、それ（　　　）3時間遅れはひどい。
1　にもまして　　2　にしても　　　　3　にしては　　　4　にひきかえ

31　家に帰る（　　　）自分の部屋に閉じこもって出てこない。
1　なり　　　　　　2　ばかり　　　　　3　とたん　　　　4　さえ

32　あの科学者の言う（　　　）、来年の11月に大きな地震が起きるらしい。
1　ことから　　　2　こととて　　　　3　ことには　　　4　ことは

33 妹はダイエットのしすぎで倒れてしまい、入院する（　　　）。
　　1　いたりだ　　　　2　じまいだ　　　　3　すえだ　　　　4　しまつだ

34 お留守中に、田中さんという方が（　　　）。
　　1　お見えになりました。　　　　2　お越しいただきました。
　　3　おいでいただきました。　　　4　参られていらっしゃいました。

35 いまさら後悔してみた（　　　）、してしまったことは取り返しがつかない。
　　1　ところで　　　2　といえども　　　3　にせよ　　　4　ばかりに

精 解 专 栏
独家发布

问题5–免费检测

26 正确答案是1。

汉语意思为：也没有考虑房子的大小就买了店员推荐的大书架。

此题重点考查「まま」的用法，「～られるまま（に）」意为"任人摆布、惟命是从、任凭"。例如：春の風に誘われるままに、公園を散歩した。/任凭春风拂面，我在公园散步。除此之外还有「～ままになる/する」，意为"搁置、不管、放任、保持原状"；「～たままを」表示按所……样子去做等等。其他选项均为混淆项。

27 正确答案是2。

汉语意思为：大半夜的打错了电话也不道个歉，真是太没有礼貌了。

「極まりない」常以形容动词（なこと）きわまりない/形容词こときわまりない」的形式出现，表示再也没有、极其、达到极限。例如：その景色は美しいこと極まりないものだった。/那里的景色真是美极了。选项1「ではいられない」表示不能；选项3表述有误；选项4「に越したことはない」表示没有……更好、……是最好的，均不符合题意。

28 正确答案是4。

汉语意思为：布告上写着非相关人员，禁止入内。

「べからず」常接在动词词典型后面，意思是"不准、不可"，表示不允许。例如：芝生に入るべからず。/禁止进入草坪。选项1「を禁じ得ない」是"禁不住……"的意思；选项2「にかたくない」是"不难"的意思；选项3「きらいがある」是"有点……、总爱……"的意思。

29 正确答案是4。

汉语意思为：她抛开自我利欲，竭尽全力地救助受灾民众的身姿让人深受感动。

此题重点考查「ずにはいかない」的句型，表示不得不。此句型可以拆分开来进行记忆，「ず」表示否定，不……，而「いかない」表示不行、不可以，双重否定表示肯定，所以这个句型表示不……就不行。选项1表示不必、用不着、不值得。选项3表示有……的倾向。

30　正确答案是2。

汉语意思为：虽说周一的早上路上很拥挤，但迟到3个小时也太过分了。

「～にしても」表示假设，可译成"即使……"，后续说话人的主张、判断、评价、难以接受的心情或责备等内容。例如：彼にしても、こんな騒ぎになるとは思ってもいなかったでしょう。/就是他也没有想到会闹到这种地步吧。而选项3「にしては」则表示与……不符，即想要表达"从事实考虑的话，不能说是理所当然的"的意思时使用。选项4「にひきかえ」表示与……相反。

31　正确答案是1。

汉语意思为：一回到家就把自己关在房间里不出来。

此题重点考查动词词典型后接「なり」的用法，表示刚……就立刻……，一……就……。例如：会うなり金をかしてくれなどと言うので驚いた。/刚一见面就提出要借钱，简直令人吃惊。选项3「とたん/途端」虽然也有"一……就……"的意思，但用法上更偏向于发生前项事物，短时间内就发生了后项的结果，如「立ち上がったとたん頭をぶつけた（刚一站起来就碰了头。）」。

32　正确答案是1。

汉语意思为：据那个科学家所说，好像明年11月要发生大地震。

「ことから」多用于陈述事物名称的由来、判断的依据等。例如：この辺は桜の木が多いことから、桜木町と呼ばれるようになった。/这一带因为樱花树多，多以被称作樱木町。选项2「こととて」为正式的、略为陈旧而且生硬的表达方式，多用于陈述道歉的理由或请求对方原谅时。其他选项均与题意不符。

33　正确答案是4。

汉语意思为：妹妹因为减肥过度，病倒住院了。

「しまつだ」多表示不好的后果，翻译成结果、最后等等。例如：あの子は乱暴で本当に困る。学校のガラスを割ったり、椅子を壊したり、とうとう昨日は友達と喧嘩して、けがをさせてしまうしまつだ。/那个孩子很暴力，真的很麻烦。在学校要么打碎玻璃、要么弄坏椅子，最终昨天还打伤了朋友。选项1「いたりだ」多以「～のいたり」的形式出现，多在说话人在激动时或有一种强烈的情感要表达时使用本句型，是一种较老的惯用表达方式。选项2「じまいだ」多以「～ずじまい」的形式出现，表示到底还是没有……。选项3为混淆项。

34 正确答案是1。

汉语意思为：您在外出时，有一位叫田中的人来过。

「お見えになる」是惯用表达方式，是"来"的尊敬说法。例如：何時頃お見えになりますか。/何时能来？主要考查考生对敬语的理解程度。选项2「お越しいただきました」只在对听话人的来、去表示尊敬时使用。选项3表示请某人来了。选项4的表述不正确，为混淆项。

35 正确答案是1。

汉语意思为：就算现在后悔了，做过的事也挽回不了。

「～たところで」在此处表示逆接关系，意为"即使、就算"。例如：そんなに悲しんだところで、死んだ人が帰ってくるわけではない。/即使那么悲哀，死了的人也回不来了。选项3前面应接动词词典型，要注意区分用法。

魔鬼训练

1. 電気の修理を頼むなら、修理屋さんをやっている彼（　　　　）いないだろう。
   1　をおいて　　　　2　において　　　　3　をよそに　　　　4　をほかに

2. 不況の影響は日本に（　　　　）、アジア中に及んでいる。
   1　のみならず　　2　のみこそ　　　　3　かぎり　　　　4　とどまらず

3. 彼は格好いいが、運動（　　　　）まったくだめだ。
   1　ときたら　　　2　いえども　　　3　ばかりに　　　4　かぎらず

4. 今後も会員の皆様のご活躍を願って（　　　　）。
   1　やみません　　2　たまらない　　3　しょうがない　　4　ならない

5. 彼の行為に全面的に支持するとは言えないまでも、（　　　　）。
   1　支持できない　　　　　　　　　　2　協力は惜しまない
   3　あくまで反対する　　　　　　　　4　がんばってみてください。

6. 好天と（　　　　）この日曜日は人出が多かった。
   1　きわまって　　2　かさなって　　3　まじって　　　4　あいまって

7. 近ごろは男女（　　　　）大学院に進学する学生が増えている。
   1　によっては　　2　とはいえ　　　3　をとわず　　　4　を限りに

8. 女性であるが（　　　　）に差別されることがある。
   1　ゆえ　　　　　2　から　　　　　3　べつ　　　　　4　よう

9. 大学に進む（　　　　）上京した。
   1　には　　　　　2　として　　　　3　べく　　　　　4　まで

10. 知らぬ（　　　　）、ご迷惑をおかけして申し訳ございません。
    1　ことなしに　　2　こととて　　　3　ことには　　　4　ことから

11 僕もできた仕事だ。（　　　）君のような優秀な人間にできないはずはない。
　　1　さておき　　　　2　まして　　　　　　3　もとより　　　4　さることながら

12 あのレストランは、料理も（　　　）、眺めの良さが最も印象的だった。
　　1　さることながら2　まして　　　　　　3　もとより　　　4　それこそだ

13 育ち盛りの子供がたくさんいるので、毎日（　　　）山のようなご飯を炊く。
　　1　それから　　　　2　それまで　　　　　3　それだけ　　　4　それこそ

14 彼はまだ新入社員の（　　　）失礼がありましたら、どうかお許しください。
　　1　とはいえ　　　　2　うえ　　　　　　　3　こととて　　　4　の至りで

15 うちのエアコンは、デザインも（　　　）、性能にも優れている。
　　1　さることながら2　もとより　　　　　3　まして　　　　4　さておき

16 この仕事は、残業が多くなるかもしれません。（　　　）その分の給料はちゃんと
　　支払います。
　　1　ところで　　　　2　そのうえ　　　　　3　ゆえに　　　　4　もちろん

17 警察に届けられていたのは、（　　　）私がなくした財布だった。
　　1　ちょうど　　　　2　まだに　　　　　　3　まさに　　　　4　余計な

18 有名になった（　　）、彼は横柄な態度を取るようになった。
　　1　として　　　　　2　どころか　　　　　3　までに　　　　4　とたん

19 今日は初売りの初日だ。戸が開く（　　　）人々は店に雪崩れ込んだ。
　　1　ところで　　　　2　やいなや　　　　　3　が最後　　　　4　としたって

20 そこは見渡す（　　　）の桜の花だ。
　　1　にすぎない　　　2　限り　　　　　　　3　きわまり　　　4　といった

21 学生のころは授業料どころか家賃（　　　）はらえないほどまずしかった。
　　1　さえ　　　　　　2　すら　　　　　　　3　だに　　　　　4　こそ

22 月曜日の日本語学科を（　　　）本学の入学試験がスタートします。
　　1　もって　　　　　2　スタート　　　　　3　もと　　　　　4　皮切りに

23 この不公平な判決には怒りを（　　　　）。
1　禁じる　　　　　2　ありうる　　　　　3　ありえない　　　4　禁じえない。

24 この頃なぜかいいこと（　　）だ。
1　まみれ　　　　　2　ずくめ　　　　　3　っぽい　　　　　4　だらけ

25 テレビで宣伝していたシャンプー、（　　　　）買ってみましょう。
1　ためしに　　　　2　そして　　　　　3　ゆえに　　　　　4　まさか

26 彼女は学校の先生をしていた（　　　　）あって、今も人前で話すのがうまい。
1　から　　　　　　2　理由が　　　　　3　だけ　　　　　　4　こそ

27 そのロック歌手は、演奏活動の（　　　　）、中高生向けの小説も書いているそうだ。
1　なか　　　　　　2　かたわら　　　　3　うえに　　　　　4　ながら

28 いずれに（　　　）もう一度検査をしなければならない。
1　せよ　　　　　　2　こそ　　　　　　3　すら　　　　　　4　しては

29 彼は合格する可能性は（　　　　）あらずだが、彼女がパスする可能性は（　　　　）ひとしい。
1　なしに、なしにも　　　　　　　　　2　なしにも、なしに
3　なきに、なきにしも　　　　　　　　4　なきにしも、なきに

30 残暑の続く（　　　）から、お体には十分お気をつけください。
1　中　　　　　　　2　時　　　　　　　3　おり　　　　　　4　こそ

31 四十歳になってから一人暮らしをはじめる心細さ（　　　　）。
1　といったらありはしない　　　　　　2　しょうがない
3　たえられない　　　　　　　　　　　4　といったところだ

32 言葉は信じられない。行動を（　　　）示してください。
1　もって　　　　　2　ゆるんで　　　　3　うごかして　　　4　みて

33 こんなひどい雨では頂上まで登れ（　　　　）から、今日は出かけるのはやめよう。
1　きる　　　　　　2　っぽい　　　　　3　こそ　　　　　　4　っこない

34 彼女が失礼な態度をとり続けるなら、絶交する（　　　）。
1　がはやいか　　　2　かたわら　　　　3　までだ　　　　4　かぎりだ

35 買い物（　）、その辺をぶらぶらしない？
1　ついに　　　　2　しだいに　　　　3　というと　　　　4　がてら

36 今まで黙っていたけれど、（　　　）先月、会社を首になったんだ。
1　ところで　　　2　したがって　　　3　じつは　　　　4　ついでに

37 給料が安くて、一人で暮らすのが（　　　）だ。
1　いちばん　　　2　せいぜいだ　　　3　らく　　　　　4　せっかく

38 このような事故が起きるとは想像（　　　）。
1　までだ　　　　　　　　　　2　とはいえなかった
3　だにしなかった　　　　　　4　どころか

39 この曲を聞いていたら、（　　　）悲しい気分になってしまった。
1　どうせ　　　　2　まさか　　　　3　どうも　　　　4　なにやら

40 （　　　）自信があったのがわざわいして、重大なミスを犯してしまった。
1　なまじ　　　　2　とくに　　　　3　とても　　　　4　どうやら

精 解 专 栏

独家发布

1 正确答案是1。

汉语意思为：如果修理电器的话，当然只有找正在经营修理店的他了。

「～をおいて」表示除……之外没有其他，只有……。例如：大連で日本語を勉強するなら、入るべき大学はあの大学をおいてほかにない。/在大连，要是学日语的话，应该上的大学除了那所大学，再就没有其他的了（非那所大学莫属）。选项2「～において」表示事物繁盛的地点、场面、状况等。选项3「～をよそに」意为"不顾、漠然视之"。

2 正确答案是4。

汉语意思为：不景气的影响不仅是日本还波及到整个亚洲。

「にとどまらず」表示某事超越了前项的范围，已经涉及到后项更为宽广的范围。可以翻译成不止。例如：彼のテニスは単なる趣味にとどまらず、今やプロ級の腕前です。/他打的网球没有停留在仅仅是兴趣爱好的水平上，现在已经是专业水平了。选项1的「のみならず」应直接接在体言后面，所以不能接在「日本に」后面。

3 正确答案是1。

汉语意思为：他虽然很帅，但是要说体育的话却一点也不行。

「ときたら」前接名词，用于提示话题，后面多是说话人表示责难、批评、不满等情绪，多为消极内容。可翻译成"若论、提到……的话"。例如：あそこの家の中ときたら散らかし放題で足の踏み場もない。/提到他们家，乱得简直没有下脚的地方。选项2为虽然，即使的意思。选项4表示不限于的意思。

4 正确答案是1。

汉语意思为：今后我会一直祈祷各位会员能大显身手。

「てやまない」多接在「祈る、願う、愛する」等表示情感的动词之后，表示那种情感一直持续着。例如：彼女は女優をしていた間、ずっとその役にあこがれてやまなかった。/她当女演员时，一直对那个角色向往得很。选项2表示无法忍受。选项3表示没有办法。

5 正确答案是2。

汉语意思为：我虽说不能完全支持他，但是我会尽量协助他。

此题重点考查「ないまでも」的用法，表示虽然没到那个程度，但是可以达到其以下的程度，多翻译成"没有……至少也……"。例如：毎日言わないまでも、週に2、3度は掃除をしようと思う。/不能说做到每天，但是想至少1周打扫2、3次。

6 正确答案是4。

汉语意思为：这个星期天正赶上好天气，外出的人很多。

此题重点考查的是「あいまって」的用法，汉字写作「相俟って」，表示互相结合、互起作用，意为"与相……结合、与……相融合"。例如：彼の独創性が彼女の伝統美と相まって、彼らの作る家具はオリジナリティあふれたものとなっている。/在他的独创性和她的传统美相结合下，他们制作的家具充满了创造性。选项3是表示掺进去、混进去的意思。

7 正确答案是3。

汉语意思为：最近无论男女，升入研究生院的学生增多了。

此题重点考查「をとわず」的用法，「をとわず」表示与前项没关系，多接在昼夜、男女等表示正反意义的词语后面。可以译成"无论……、不管……"。例如：彼らは昼夜を問わず作業を続けた。/他们不分昼夜连续作业。其他选项代入原句中意思不通顺。

8 正确答案是1。

汉语意思为：因为是女性所以有时候受到歧视。

此题重点考查「がゆえに」的用法，「がゆえに」接简体的句子，表示原因和理由。例如：容易に会えぬがゆえに会いたさがつのる。/由于不容易见面，就越发想见面。其他选项在接续上都有问题，所以可以排除。

9 正确答案是3。

汉语意思为：为了上大学，我来到了东京。

此题重点考查「～べく/可く」的用法，「べく」与「～するために」用法相似，表示目的，作为生硬的书面语言也用于现代语中。例如：速やかに解決すべく努力致します。/为迅速解决问题而努力。选项1、2、4可以代入句中进行检验，不符合题意。

10 正确答案是2。

汉语意思为：因为我不知道，给您添麻烦了，对不起。

此题重点考查「こととて」的用法，「名词＋の＋こととて/动词词典型＋こととて」表示道歉、请求原谅，多译为"因为"。例如：子供のやったこととて、大目に見てはいただけませんか。/这是孩子干的事，您就原谅他吧。应注意与其他选项区别开来进行记忆。

11 正确答案是2。

汉语意思为：连我都能完成了的工作，像你这样的优秀人才不可能不会。

此题重点考查「まして」的用法，表示何况、况且。例如：この辺りは昼でも人通りが少ない。まして夜ともなると、怖くて一人で歩けない。/这一带白天都很少有人通过，何况到了晚上，更是可怕得不敢一个人走。其他选项意思与原句所要表达的意思不符。

12 正确答案是1。

汉语意思为：那家餐厅饭菜质量当然不用说了，周围的景色更给人留下深刻的印象。

此题重点考查「もさることながら」的用法，表示前项内容是这样，后项更是这样。多翻译成"……不用说，……更是如此"。例如：このドレスはデザインもさることながら、色使いがすばらしい。/这件礼服，设计上没得挑，颜色的搭配更是绝妙。其他选项均为混淆项。

13 正确答案是4。

汉语意思为：我们家有好几个在长身体的孩子，所以每天都要做一大锅饭。

此题重点考查的是「それこそ」的用法，「それこそ」放在句中多指拿出一个比喻，强调程度之严重，多译成"那才真是……"。例如：野球部は練習がきびしくて君ではそれこそ三日ともたないよ。/棒球队的训练可苦了，就你呀，那才真是连三天都坚持不了呢。

14 正确答案是3。

汉语意思为：他还是新员工，如有失礼还请多多原谅。

此题重点考查的是「こととて」的用法，「名词+の+こととて」表示原因和理由。例如：慣れぬこととて、失礼をいたしました。/因为我还不太习惯，对不起了。选项1和4在接续上有错误，可以排除。选项2代入，句意不通顺。

15 正确答案是1。

汉语意思为：我们家的空调，设计当然不用说了，性能也非常好。

此题重点考查的是「さることながら」的用法，多接在名词后，表示前者是这样，后者就更不用说了。具体解析详见第12题。

16 正确答案是4。

汉语意思为：这个工作也许经常加班，当然加班费我一定会付的。

此题重点考查的是「もちろん」的用法，表示当然、不用说、不言而喻。例如：「一緒に行きますか」「もちろん。」/"一起去吗？""当然。"选项1表示话题的突然转折，选项2表示并且、好上加好、坏上加坏。

17 正确答案是3。

汉语意思为：交送给警察的正是我丢失了的钱包。

此题重点考查「まさに」的用法，表示的确、确实如此。例如：『領収書』金十万円まさに領収致しました。/《发票》收到现金十万元整。其他选项均与题意不符，为混淆项。

18 正确答案是4。

汉语意思为：刚一出名，他的态度就蛮横起来了。

此题重点考查「～たとたん」的用法，表示前面的动作和变化发生后，马上又发生了别的动作和变化，译为"刚……就……"。例如：ドアを開けたとたん、猫が飛び込んできた。/开门的一刹那，一只猫跳了进来。其他选项均与题意不符，为混淆项。其他选项代入题中，句意不通顺。

19 正确答案是2。

汉语意思为：今天是新年开张第一天，刚一开门人们便蜂拥而进。

此题重点考查「やいなや」的用法，该句型前接动词基本型，表示动作刚一进行，后面随即发生变化，译为"刚一……就……"。例如：彼はそれを聞くやいなや、ものも言わずに立ち去った。/他一听那话，什么也没说就离开了。其他选项意思与原句所要表达的意思不符。

20 正确答案是2。

汉语意思为：那里是一望无际的樱花。

此题重点考查「～限り」的用法，表示达到最高限度、极限、只要……就；在……范围内。例如：力の限り戦ったのだから負けても悔いはない。/已经竭尽全力拼搏了，所以即使输了也不后悔。其他选项均与题意不符，为混淆项。

21 正确答案是1。

汉语意思为：我学生时代穷得别说学费了，连房租都付不起。

「さえ」译为"连、甚至"，用以表示按常规理所当然的事都不能，更不要说其他的事情，那就更不行了的意思。例如：そんなことは小学生でさえ知ってるよ。/这种事连小学生都明白。其他选项均与题意不符，为混淆项。

22 正确答案是4。

汉语意思为：本校的入学考试从周一的日语学科开始。

此题重点考查「～を皮切りに」的用法，表示以……为开端。例如：彼女は店長としての成功を皮切りに、どんどん事业を広げ、大実業家になった。/她以成功地做一名店长为开端，不断地扩大事业，成了大实业家。其他选项均与题意不符，为混淆项。特别是选项1「もって」是「で」的意思，即"到……的时候"，应注意区分。

23 正确答案是4。

汉语意思为：对这个不公平的判决不禁愤然。

此题重点考查「～を禁じえない」的用法，表示面对某种情景，不得不感到愤怒活同情的情感。用在表达想抑制也抑制不了的感情时。例如：思いがけない事故で家族を失った方々には同情を禁じえません。/对因意外事故而失去亲人的人们感到同情。其他选项均与题意不符，为混淆项。

24 正确答案是 2。

汉语意思为：最近不知道为什么，净是好事。

「ずくめ」表示身边全是这些东西。例如：彼女はいつも黒ずくめのかっこうをしている。/她的穿着打扮老是一身黑。而「まみれ」多指沾满污垢的意思；「～っぽい」则多指具有某种倾向；「だらけ」则多用于不好的、负面的事物，均不符合题意。

25 正确答案是 1。

汉语意思为：这是电视上一直宣传的洗发水，买一瓶试试吧。

此题重点考查「ためしに～てみる」的用法，表示尝试性地做某事，以辨别好坏。例如：先月できたレストランはおいしいという評判だ。ためしに一度行ってみよう。/上个月开张的餐厅据说味道不错，我们也去尝尝吧。其他选项与后半句没有必然联系。

26 正确答案是 3。

汉语意思为：她不愧在学校当过老师，即使现在她还擅长当着众人讲话。

此题重点考查的是「～だけのことはある」的句型，此句型也以「～だけあって」的形式出现，表示名符其实，与其做的努力、所处地位、所经历的事情等相称，并对其相称的结果、能力、特长等给予高度评价。例如：うまい魚だ。とれたてを送ってもらっただけのことはある。/这鱼真不错，不愧是刚捕到送来的。

27 正确答案是 2。

汉语意思为：据说那位摇滚歌手，在从事演出活动的同时还写一些面向初高中生的小说。

此题重点考查的是「かたわら」的用法，表示在做主要的活动、工作以外，空余的时间还做其他事，多翻译成"一边……一边……"，后续动作多为次要动作，要与「ながら」区别开使用。例如：その教授は、自分の専門の研究をするかたわら、好きな作家の翻訳をすることを趣味としている。/那位教授一边从事自己的专业研究，一边作为兴趣爱好翻译一些他所喜欢作家的作品。

28 正确答案是 1。

汉语意思为：不管怎么样，一定要再检查一遍。

此题重点考查「～にせよ」的用法，表示即使……、……也好……也好，是「～にしても」的郑重书面语，也可说成「～にしろ」。例如：くるにせよこないにせよ、連絡ぐらいはしてほしい。/无论是来还是不来，希望和我联系一下。其他选项均与题意不符，为混淆项。

29 正确答案是4。

汉语意思为：他合格的可能性不是没有，而她几乎没有可能通过。

此题重点考查「なきにしもあらず～なきにひとしい」的用法，表示……不是没有……等于没有。此项可以拆分来看，前半句为「なきにしもあらず」，表示并非没有，例如：多少の不満なきにしもあらずだ。/并非没有一点不满。而后半句为「～にひとしい」，则可理解为等于……，例如：ほとんどないに等しい。/几乎等于没有。

30 正确答案是3。

汉语意思为：时下秋老虎正猛，请您多多注意身体。

此题重点考查的是「おりから」的用法，表示正值……时候、正值……季节，多用于书信中的气候寒暄语。例如：山は嵐のような天候になり、小さな山小屋は、おりからの風にあおられて簡単に吹き飛んでしまった。/山里暴风雨大作，小小的山间小屋被这一阵狂风一下子就给吹走了。

31 正确答案是1。

汉语意思为：到了40岁才开始一个人生活，心里很没谱。

此题重点考查的是「～といったらありはしない」的句型，与「といったらない」几乎意义相同，多用于负面评价，表示……之极、极其……、无法形容。例如：花嫁衣裳を着た彼女の美しさといったらなかった。/她穿上新娘的服装，太美了。其他选项代入原句中意思不通顺。

32 正确答案是1。

汉语意思为：光说让人难以相信，请拿出行动来证明。

此题重点考查「をもって」的句型，表示手段和方法，多用于口语中，译成"用……、以……"。例如：自信をもってがんばってね。/要满怀信心，努力去做。

33 正确答案是4。

汉语意思为：下这么大的雨，不可能登上山顶，今天还是别去了。

此题重点考查「～っこない」的句型，该句型接在动词连用形后面，表示强烈否定，多用于口语。例如：いくら彼に聞いても、本当のことなんか言いっこないよ。/再怎么问他，他也不可能说实话的。其他选项均与题意不符。

34 正确答案是3。

汉语意思为：她要是继续采取不礼貌态度的话，我就只好绝交了。

此题重点考查的是动词词典型接「まで（のこと）だ」的用法，该句型前接体言、用言连体形，多指"这样就完了"的意思，用于陷于绝境时。例如：父があくまで反対するなら、家を出るまでのことだ。/父亲坚持反对的话，大不了离开家就是了。其他选项代入题中句意不通顺。

[35] 正确答案是4。

汉语意思为：我们去买东西，顺便去那边逛逛吧？

此题重点考查「がてら」的用法，表示在做前项动作的同时把后项也做了的意思，译为"顺便、在……同时、借……之便"。例如：散歩がてら、パンを買いに行こう。/我去散步，顺便买点面包回来吧。

[36] 正确答案是3。

汉语意思为：我一直没跟你说，其实我上个月被公司解雇了。

此题重点考查「じつは」的用法，表示其实是这样，多译成"其实、是这么回事、说实在的"。例如：今まで知らなかったのだが、それをやったのは実は彼女だった。/过去我们一直不知道，这件事其实是她干的。其他选项代入原句中意思不通顺。

[37] 正确答案是2。

汉语意思为：工资很低，顶多也就只够一个人生活的。

此题重点考查「せいぜい」的用法，表示顶多、充其量、尽情。例如：忙しい会社で、年末でもせいぜい三日くらいしか休めません。/公司忙，年底也顶多只能休息三天。其他选项均与题意不符，为混淆项。

[38] 正确答案是3。

汉语意思为：真没想到竟然能发生这种事故。

此题重点考查「だにしない」的用法，该句型接在名词后，表示连……都不……、只要……就……。例如：僕の支持者は微動だにしない。/我的支持者丝毫不会动摇。选项1和2与句意不符，选项4不能接在句末。

[39] 正确答案是4。

汉语意思为：听了这首曲子，不知为什么，伤感起来。

此题重点考查「なにやら」的用法，表示不能确切地指明某事，意思是"虽然不知道是什么，但是……"、"虽然没弄清楚理由，但是……"。例如：なにやら変な臭いがする。/总觉得有一股怪味。其他选项均与题意不符，为混淆项。

[40] 正确答案是1。

汉语意思为：因为盲目自信而招致灾祸酿成大错。

此题重点考查「なまじ」的用法，表示不充分、贸然、轻率。例如：なまじ急いでタクシーに乗ったために、渋滞に巻き込まれてかえって遅刻してしまった。/急急忙忙坐上了出租车，正赶上交通堵塞，反而迟到了。其他选项代入原句中意思不通顺。

模拟考场

限时：10分钟

問題5　次の文の（　　　）に入れるのに最もよいものを、1・2・3・4から一つ選びなさい。

26　そんなことは、小学生（　　　）知ってますよ。
　　1 ですら　　　　2 にすら　　　　　3 がすら　　　　4 もすら

27　彼は卒業して日本を出ていった（　　　）、もう五年も帰ってこない。
　　1 結果　　　　　2 きり　　　　　　3 とたん　　　　4 とはいえ

28　あんなやり方をいていたのでは、失敗すること（　　　）。
　　1 ましだ　　　　2 決まりだ　　　　3 やすい　　　　4 うけあいだ

29　この会社は成長を続け、海外進出（　　　）。
　　1 に及んだ　　　2 に至った　　　　3 に即した　　　4 に沿った

30　（　　　）大金をつまれたとしてもそんな仕事はやりたくない。
　　1 とはいえ　　　2 たとえ　　　　　3 どうせ　　　　4 もし

31　死ぬだとか葬式だとか、湿（　　　）話はもうやめよう。
　　1 っぽい　　　　2 だらけ　　　　　3 ずくめ　　　　4 がち

32　旅行先で熱を出してしまい、見物（　　　）、温泉にも入れなかった。
　　1 でも　　　　　2 にしろ　　　　　3 どころか　　　4 さえ

33　マラソンの選手はゴールに（　　　）なり、倒れてしまった。
　　1 つく　　　　　2 ついた　　　　　3 ついて　　　　4 つこう

34 この仕事は（　　　）早く仕上げてください。

　1 なにやら　　　　2 なるたけ　　　　3 なれば　　　　4 じつに

35 事業の後継者と（　　　）のは、重役の後藤氏だ。

　1 だまされている　　　　　　　　2 しられている

　3 もくされている　　　　　　　　4 おかされている

精 解 专 栏
独家发布

问题5-模拟考场

26 正确答案是1。

汉语意思为：那种事连小学生都懂。

此题重点考查「ですら」的用法，用法与「すら」相同，多接在人称代词之后，表示连……也……。例如：高橋さんは食事をする時間すら惜しんで、研究している。/高桥先生忙着研究，连吃饭的时间都很吝惜。选项2、3、4在接续上都不对。

27 正确答案是2。

汉语意思为：他毕业后就离开了日本，已经有5年多没回来了。

此题重点考查「〜たきり〜ない」的句型，表示一……就……（再没……）。例如：子供が朝、出かけたきり、夜の8時になっても帰って来ないので心配です。/孩子早上离开家一直到晚上8点还没回来，很担心。其他选项均与题意不符。

28 正确答案是4。

汉语意思为：这样做的话，肯定会失败。

此题重点考查「ことうけあいだ」的句型，表示对即将发生的事情，说话人很肯定地判断或予以保证，可译成"保证、肯定、保管"。例如：こんど彼女のところに行くときは花を持って行くといい。よろこんでもらえること請け合いだよ。/下次你再去她那儿，可以拿着花儿去。保证她一定会高兴的。选项2貌似正确，但是缺少助词，无法接续。

29 正确答案是2。

汉语意思为：这家公司不断发展，终于发展到了国外。

此题重点考查「〜に至る」的用法，表示到达某种程度。例如：被害者は次第に広範囲に広がり、ついに死者30人を出すに至った。/被害者范围扩大，最终导致死亡30人。其他选项均与题意不符，为混淆项。

30 正确答案是2。

汉语意思为：就算能赚到大钱，我也不想干那种工作。

此题重点考查的是「たとえ～ても（でも）」的用法，表示就算……也……。例如：たとえ雪が降っても、仕事は休めません。/就算是下雪，也不能停止工作。其他选项都无法与后半句的「としても」相呼应。

31 正确答案是1。

汉语意思为：别说那些死啦葬礼啦之类的不吉利的话好不好。

此题重点考查「っぽい」的用法，接在名词或动词连用形后面，表示带有这种色彩或倾向。例如：丸子はもう20歳なのに話すことが子供っぽい。/丸子都20岁了，说起话来还像个孩子。

32 正确答案是3。

汉语意思为：在旅行途中发烧，别说观光了，连温泉都没能洗成。

此题重点考查的是「どころか～ない」的句型，表示不仅没有满足平均的标准和期待，连最低的标准都没能达成或满足。例如：うちの父はお酒はまったくだめで、ウィスキーどころかビールも飲めない。/我爸爸根本不能喝酒，别说是威士忌了，就连啤酒都不能喝。

33 正确答案是1。

汉语意思为：马拉松的选手一到终点就倒下了。

此题重点考查「なり」的前续形式，应前接动词的词典型，表示紧接着或几乎同时发生的两件事。例如：子供は母親の顔を見るなり、ワッと泣き出しました。/孩子看到妈妈后，马上就哇的一声哭出来了。其他选项单词使用正确但是接续方法不对。

34 正确答案是2。

汉语意思为：这件工作请尽早完成。

此题重点考查的是「なるたけ」的用法，这是「できるだけ、なるべく」的通俗说法，表示尽可能、尽量。例如：壊れやすい品物だから、なるたけ気をつけて運んでね。/是容易弄坏的东西，搬运的时候尽量注意点吧。其他选项均与题意不符，为混淆项。

35 正确答案是3。

汉语意思为：被认定为事业接班人的是后藤董事。

此题重点考查的是「もくする/目する」一词的用法，表示被看作……、被认为……、受瞩目。例如：彼がその事件の重要参考人ともくされている。/他被看作是那个事件最重要的见证人。

问题 6

排列组句
——答题关键

- 有5道小题，该题作为改革后的新题型为排序填空题，该题对学生语感要求较强。考查考生能否将拆分的句子重新组合使句子通顺，归根到底还是语法知识题型，在做题时应先通过已知题干和选项的大概意思来初步判断句子的意思，根据句意和接续进行排序，然后在试卷上填写选项，最后复查答案。

免 费 检 测

限时：5分钟

問題6　次の文の＿★＿に入る最もよいものを、1・2・3・4から一つ選びなさい。

36 吹奏楽部の仲間は、みんな＿＿＿＿　＿＿＿＿　＿★＿　＿＿＿＿話でいつも盛り上がっています。

1　同世代　　　　2　年が近い　　　　3　ならではの　　4　こともあって

37 そもそもこの情報が、責任者である彼女に＿＿＿＿　＿＿＿＿　＿★＿　＿＿＿＿と思うよ。

1　こと　　　　　2　からして　　　　3　おかしい　　　4　伝わっていない

38 顔色悪いですね。＿＿＿＿　＿＿＿＿　＿＿＿＿　＿★＿たらどうですか。

1　座るなり　　　2　楽にし　　　　　3　なり　　　　　4　横になる

39 市民の＿＿＿＿　＿＿＿＿　＿★＿　＿＿＿＿だともってのほかだ。

1　警察官が　　　2　強盗　　　　　　3　安全を　　　　4　守るべき

40 この作品は彫刻家が＿＿＿＿　＿＿＿＿　＿★＿　＿＿＿＿魂の結晶だ。

1　技術と　　　　2　長年に　　　　　3　わたって　　　4　鍛えた

精 解 专 栏
独家发布

36 正确答案是1。

原句应为：吹奏楽部の仲間は、みんな年が近いこともあって同世代ならではの話でいつも盛り上がっています。

汉语意思为：吹奏乐小组的伙伴们，因为年龄相近，所以同一代人特有的话题总是谈得很热烈。

首先确定能接在「話」前面的选项为3，再次确定能够接在「ならではの」前面的选项为1，剩下的2与4同时确定顺序，因为表示原因，所以全体顺序应为2413。

37 正确答案是2。

原句应为：そもそもこの情報が、責任者である彼女に伝わっていないことからしておかしいと思うよ。

汉语意思为：这个消息没有传达给作为负责人的她这件事本身，我就觉得很蹊跷。

首先确定「と思う」前面能接的只有3，而「彼女に」的后面可以确定为4，剩余的1、2则随之可定。所以全体顺序应为4123。

38 正确答案是2。

原句应为：顔色悪いですね。座るなり横になるなり楽にしたらどうですか。（顔色悪いですね。横になるなり座るなり楽にしたらどうですか。）

汉语意思为：你脸色不太好，躺下或者坐下，放轻松一下怎么样？

无论是哪种语序都不影响最后的答案。此题重点考查「なり」的用法，表示或是……或是……、……也好……也好。因此句子顺序为1432或者4312。

39 正确答案是1。

原句应为：市民の安全を守るべき警察官が強盗だともってのほかだ。

汉语意思为：本应保卫市民安全的警察竟然是强盗，太荒谬了。

首先看句子的整体意思，确定3、4项的顺序应为「安全を守るべき」，再确定能接在「だともってのほかだ」前面的只有2，所以全体顺序应为3412。

40 正确答案是4。

原句应为：この作品は彫刻家が長年にわたって鍛えた技術と魂の結晶だ。

汉语意思为：这个作品是雕刻家长年累月磨练的技术和灵魂的结晶。

首先确定2、3的顺序应为「長年にわたって」，再根据意思排列4、1，所以全体顺序应为2341。

魔鬼训练

1　人の善意を＿＿＿＿　＿★＿＿　＿＿＿＿　＿＿＿＿であってほしいと思う。
1　世の中　　　　　　　　　　　　2　生きていけるような
3　ことなしに　　　　　　　　　　4　疑う

2　田中さんに＿＿＿＿　＿★＿＿　＿＿＿＿　＿＿＿＿時間の問題だ。
1　が最後　　　　2　話した　　　　3　みんなに　　　　4　知られるのは

3　あの小説は＿＿＿＿　＿＿＿＿　＿★＿＿　＿＿＿＿筋がまったく分からなかった。
1　話の　　　　　2　読んだ　　　　3　一度　　　　　4　ものの

4　今からでは、大学に進学するのは難しい。＿＿＿＿　＿★＿＿　＿＿＿＿　＿＿＿＿だろう。
1　有名な大学　　　　　　　　　　2　行ける
3　にしたって　　　　　　　　　　4　というわけにはいかない

5　北京では子供が＿＿＿＿　＿＿＿＿　＿★＿＿　＿＿＿＿、学校の数も減りつつある。
1　少なく　　　　2　なって　　　　3　きている　　　　4　ことから

6　犯人の気違い＿★＿＿　＿＿＿＿　＿＿＿＿　＿＿＿＿できなかった。
1　行動を　　　　2　じみた　　　　3　阻止する　　　　4　ことが

7　今年のとうもろこしは＿＿＿＿　＿＿＿＿　＿＿＿＿　＿★＿＿豊作となった。
1　温暖な　　　　2　とがあいまって　3　気候と　　　　4　適当な雨量

8　友達のお父さんの病気が悪化してしまったから、＿＿＿＿　＿＿＿＿　＿＿＿＿　＿★＿＿同じだ。
1　するまいが　　2　手術を　　　　3　結果は　　　　4　しようが

9　新入社員に毎月＿＿＿＿　＿★＿＿　＿＿＿＿　＿＿＿＿与えられた。
1　十台販売せよ　2　車を　　　　　3　目標を　　　　4　と

10 鉄分がほとんど_____ ★ 、 _____ _____入ってくることができる。

  1 含まれていて   2 つねに   3 人体に   4 あらゆる食べ物に

11 会社は社員の要求に応じて、迅速_____ ★_____ _____ _____。

  1 対策を   2 かつ

  3 柔軟に   4 実施しなければならない

12 飲酒運転を_____ _____ _____ _____★ 行為だ。

  1 警察官に   2 あるまじき   3 なんて   4 する

13 彼は_____ _____ _____ _____★というだらしなさだ。

  1 脱ぎ   2 脱いだら   3 服を   4 っぱなし

14 人が_____ ★_____ _____ならない。

  1 とどまって   2 地域の   3 駅の中だけに   4 活性化に

15 休みの_____ _____ ★_____ 実際にはなかなか実行できない。

  1 今日こそ   2 たびに   3 思いながらも 4 片付けようと

16 カタカナ ★_____ _____ _____来日した。

  1 ひらがなさえ 2 状態で   3 おろか   4 読めない

17 あんなに目立たない彼は_____ _____ _____ ★しなかった。

  1 わが社一の   2 もらったとは 3 美人を嫁さんに 4 予想だに

18 人によっては_____ _____ ★_____ に運ぶことができる。

  1 からある   2 100キロ   3 荷物を   4 いとも簡単

19 相手に_____ _____ ★_____ 負けてしまった。

  1 負けないため 2 やっぱり   3 振り絞ったが 4 力を

20 妻は_____ _____ ★_____ 作れない。

  1 てんぷらは   2 みそしる   3 おろか   4 さえ

精 解 专 栏
独家发布

问题6-魔鬼训练

1 正确答案是3。

原句应为：人の善意を疑うことなしに生きていけるような世の中であってほしいと思う。

汉语意思为：真的希望是不去怀疑别人的善意而能生存下去的社会。

首先确定「善意を」的后续动词，应为选项4，其次根据意思和接续排列2、1的顺序，所以全体顺序应为4321。

2 正确答案是1。

原句应为：田中さんに話したが最後みんなに知られるのは時間の問題だ。

汉语意思为：这话一让田中知道，后果就是让所有人都知道，这只是时间问题。

此题重点考查「が最後」的用法，意思是"一……就……，既然……就必须……"，多用于表示某事一发生就必定～的场合。例如：この計画を聞いたが最後、あなたもグループに加わってもらおう。/你已经听到我们这个计划了，那你就必须得参加我们这个组织。在排序方面，首先确定选项3、4的顺序应为「みんなに知られるのは」，其次看「田中さんに」后面能接什么内容，此时可确定2，所以全体顺序应为2134。

3 正确答案是4。

原句应为：あの小説は一度読んだものの話の筋がまったく分からなかった。

汉语意思为：那部小说虽然读了一遍，但是对故事情节还没有完全明白。

首先根据选项推测句子意思，由于存在「ものの」的选项，所以可以判定为转折句。所以全体顺序应为3241。

4 正确答案是3。

原句应为：今からでは、大学に進学するのは難しい。有名な大学にしたって行けるというわけにはいかないだろう。

汉语意思为：以后上大学更难了，有名的大学不是说能上就能上的。

首先根据选项判断1和3、2和4应连在一起，再根据意思判断全体顺序应为1324。

5 正确答案是3。

原句应为：北京では子供が少なくなってきていることから、学校の数も減りつつある。

汉语意思为：在北京，因为孩子的数量减少了，所以学校的数量也在减少。

首先根据选项可以判定选项1234的顺序即为本题目的正确语序。再根据意思进行检验。

6 正确答案是2。

原句应为：犯人の気違いじみた行動を阻止することができなかった。

汉语意思为：没能阻止犯人近乎疯狂的行为。

首先要了解「じみた」的用法，可以确定选项2在最前面，其次可以确定选项1、3是连在一起的，所以整体顺序应为2134。

7 正确答案是2。

原句应为：今年のとうもろこしは温暖な気候と適当な雨量とがあいまって豊作となった。

汉语意思为：因为温暖的气候和适当的降雨量互起作用，今年的玉米丰收了。

首先要了解选项2「とがあいまって」的意思，可以判断整体顺序应为1342。

8 正确答案是3。

原句应为：友達のお父さんの病気が悪化してしまったから、手術をしようがするまいが結果は同じだ。

汉语意思为：朋友爸爸的病情恶化了，做不做手术结果都一样。

首先根据选项可以判断4、1应连在一起，其次判断「する」的宾语为「手術」，所以整体顺序应为2413。

9 正确答案是1。

原句应为：新入社員に毎月車を十台販売せよと目標を与えられた。

汉语意思为：给新来职员定下了目标，每个月要售出十台车。

首先根据选项可知「車を販売」的顺序，所以选项2、1应连在一起，其次根据句子意思可以判断整体顺序应为2143。

10 正确答案是1。

原句应为：鉄分がほとんどあらゆる食べ物に含まれていて、つねに人体に入ってくることができる。

汉语意思为：铁分几乎存在于所有的事物中，人体通常都可以摄入。

首先根据选项可知2、3可以放在最后，但顺序不确定，其次便可发现选项4、1的顺序。所以整体的顺序为4123或者4132，但是这都不影响答案。

11 正确答案是3。

原句应为：会社は社員の要求に応じて、迅速かつ柔軟に対策を実施しなければならない。

汉语意思为：公司必须按职员的要求，迅速且灵活地实施解决方案。

首先句子和选项相结合，可以判断出「迅速かつ柔軟に」应连在一起，其次可以发现选项1、4是个动宾词组。所以整体顺序应为2314。

12 正确答案是2。

原句应为：飲酒運転をするなんて警察官にあるまじき行為だ。

汉语意思为：酒后驾车是警察不应有的行为。

首先根据选项可以判断4、3的顺序，其次可以判断1、2的顺序，再联系整个句子进行排列，所以可以判断全体顺序应为4312。

13 正确答案是4。

原句应为：彼は服を脱いだら脱ぎっぱなしというだらしなさだ。

汉语意思为：他这个人很邋遢，衣服脱完了就那么一扔。

首先根据选项可以判定2、3应连在一起，其次可知1、4的顺序，所以可以判断全体顺序应为3214。

14 正确答案是1。

原句应为：人が駅の中だけにとどまって地域の活性化にならない。

汉语意思为：人们只是滞留在车站里，不能激活该地区的经济。

首先根据选项可以判断3、1和2、4的顺序，再根据内容排列，所以可以判断全体顺序应为3124。

15 正确答案是4。

原句应为：休みのたびに今日こそ片付けようと思いながらも実際にはなかなか実行できない。

汉语意思为：每逢假日就想，今天可得好好收拾一下房间，可实际上很难付诸实践。

首先根据题干和选项可以推测出原句为转折句，因此可判断选项3在最后，由此可知3的前面为4，所以可以判断全体顺序应为2143。

[16] 正确答案是3。

原句应为：カタカナおろかひらがなさえ読めない状態で来日した。

汉语意思为：来日本的时候别说是片假名了，连平假名都不会读。

首先要了解「おろか」的用法，便可判断全体顺序应为3142。

[17] 正确答案是4。

原句应为：あんなに目立たない彼はわが社一の美人を嫁さんにもらったとは予想だにしなかった。

汉语意思为：那么不显眼的他竟然娶了我们公司的头号美女，真是想都没想到。

首先要了解「だにしなかった」的用法，便可知选项4在最后，其次根据句子意思可以判断全体顺序应为1324。

[18] 正确答案是3。

原句应为：人によっては100キロからある荷物をいとも簡単に運ぶことができる。

汉语意思为：有的人可以很轻松地搬运100千克的货物。

首先根据选项可知「荷物を運ぶ」是句子主干，其次因为「運ぶ」前面为「に」，所以选项3、4的顺序便可知，因此可以判断全体顺序应为2134。

[19] 正确答案是3。

原句应为：相手に負けないため力を振り絞ったがやっぱり負けてしまった。

汉语意思为：为了不输给对手虽然竭尽全力到底还是输了。

首先根据句子里的「相手に」便可推断后面应接1，其次根据选项可知选项4、3的顺序，所以可以判断全体顺序应为1432。

[20] 正确答案是2。

原句应为：妻はてんぷらはおろかみそしるさえ作れない。

汉语意思为：我妻子别说油炸虾了，就连酱汤都不会做。

首先要了解句型「おろか」的使用方法，其次要了解在日本「みそしる」是基本的家庭饭菜之一，就是我们常说的酱汤。由此便可知全体顺序应为1324。

模 拟 考 场

限时：5分钟

問題6　次の文の___★___に入る最もよいものを、1・2・3・4から一つ選びなさい。

36 「花粉症」の増加は_____ _____ ___★___ _____だといわれている。
　　1　杉ばかり　　　　2　せい　　　　　　3　戦後　　　　　4　植えすぎた

37 あの学生は_____ _____ ___★___ _____けれども、試験をしてみると何も分かっていないことがわかる。
　　1　いつも　　　　　2　宿題こそ　　　　3　きちんと　　　　4　提出する

38 今様子が分からないから、_____ _____ ___★___ _____返事を待とう。
　　1　出す　　　　　　2　だけ　　　　　　3　出して　　　　　4　手紙を

39 先日、聞く_____ _____ ___★___ _____を聞かされた。
　　1　ひどい　　　　　2　コンサート　　　3　に耐えない　　　4　ほどの

40 六月に入った_____ _____ ___★___ _____冷え込む。
　　1　なかなか　　　　2　標高が高いので　3　とはいえ　　　　4　夜は

精 解 专 栏
独家发布

[36]　正确答案是4。

原句应为：「花粉症」の増加は戦後杉ばかり植えすぎたせいだといわれている。

汉语意思为：据说"花粉症"的增加是战后杉树种植过度引起的。

首先根据句子整体意思可以推断，选项1、4应连在一起，由此可以判断全体顺序应为3142。

[37]　正确答案是3。

原句应为：あの学生は宿題こそいつもきちんと提出するけれども、試験をしてみると何も分かっていないことがわかる。

汉语意思为：尽管那个学生每次都按时交作业，但是一考试就会发现其实他什么也没学会。

首先根据句子和选项便可容易得出2134即为本题目的正确顺序。

[38]　正确答案是2。

原句应为：今様子が分からないから、手紙を出すだけ出して返事を待とう。

汉语意思为：我现在也不知道情况怎样，反正先发封信，然后等他回信吧。

首先根据选项可知4、1应连在一起，剩余的2、3根据原句意思便可知其顺序，所以可以判断全体顺序应为4123。

[39]　正确答案是1。

原句应为：先日、聞くに耐えないほどのひどいコンサートを聞かされた。

汉语意思为：前几天听了一场根本没法听的非常差劲的音乐会。

首先根据题意可知1「ひどい」是2「コンサート」的修饰词，所以可以判断全体顺序应为3412。

[40]　正确答案是4。

原句应为：六月に入ったとはいえ標高が高いので夜はなかなか冷え込む。

汉语意思为：虽说到了六月，但是因为海拔高所以夜里还是很冷的。

首先要了解3「とはいえ」的句型的意思，便可推测出原句的意思，由此可以判断全体顺序应为3241。

问题 7

完形填空
——答题关键

- 该题为完形填空题，是改革后的新题型。

- 该题虽然比较耗费时间但是总体来说难度适中，在答题时应先快速通读全文，然后重点阅读空格处的前后文以理顺文脉关系，再查看选项并对比，最后选择。

- 由于此题主要考核基础语法，所以在对比选项时要仔细，要联系前后文做出综合判断。

免 费 检 测

限时：6分钟

問題7 次の文章を読んで、41から45の中に入る最もよいものを、1・2・3・4から一
つ選びなさい。

　三月十一日の大地震発生以来、福島第一原発は危険な状況が続いている。目下、同
原発の六機のうち四機で爆発が起き、三号機は建屋が破損し、放射性物質が充満してい
る。福島は日本版チェルノブイリになるのだろうか？核危機に全世界が神経を41。こ
の瀬戸際でも、原発職員五十人が現場に残り、命をもの42せず、3号機に冷却用の海水
を注入していることを注意深く見守っている。三月十七日午前、二機の自衛隊ヘリコプ
ターが三号機に対する注水作業を開始し、現場では白い蒸気が立ち上ったのが確認され
た。この注水が原子炉冷却の目的を達せられるのかどうか、こうした作業がそもそも効
き目があるのかどうか、まったくわからない。しかし、日本をさらなる郭災害から守る
ため「一か43かの勝負」に出た命がけの人々に敬意を表する。その後、電源は復旧し
たものの、事態の44は変わらず、放射能の流出を完全に制圧できたとはいえないが、
総じて安定の方向に向かっているようだ。われわれは危険を顧みず、戦い続けている
人々に重ねて敬意を表する。
　われわれは心を通い合わせ、「ひとごととは思えない」。
　二〇〇八年の四川汶川大地震の際、日本政府と国民が被災地に提供してくれた救援支
援や物資を中国の人々が忘れることはない。現在、中国は少しも45、被災地のみなさ
んに援助の手を差し伸べている。救援隊が駆けつけ、大量の救援物資を送り、二万トン
のガソリンとディーゼルオイルが続々と発送されている。

41　1　張り合っている　　　　　　2　張り上げている
　　3　張り詰めている　　　　　　4　張り付いている

42　1　とも　　　　2　かも　　　　3　から　　　　4　には

|43| 1 六　　　　　2 八　　　　　3 九　　　　　4 十

|44| 1 発展　　　　2 深刻さ　　　3 実効　　　　4 重要さ

|45| 1 躊躇しろ　　2 惆悵でも　　3 惆悵しても　4 躊躇せず

41 正确答案是3。

張り詰めている→はりつめる（紧张）

其他选项分别是　1　張り合っている→はりあう（竞争，争夺）
　　　　　　　　　2　張り上げている→はりあげる（大声，扯开嗓子）
　　　　　　　　　4　張り付いている→はりつく（贴上，粘上）

42 正确答案是1。

「とも」与「ても」同义，是日语的文言表达形式，与「ても」相比，是陈旧的说法。意为"不管……多么……，无论……也……"。

其他选项分别是　2　かも→「かもしれない」的口语表达方式，意为"也许"。
　　　　　　　　　3　から→从……，因为……。
　　　　　　　　　4　には→对于……来说，要……就要……。

43 正确答案是2。

表示结果还不知道，听天由命下定决心去干。多用于积极的方面，可译成"割出一切、孤注一掷"，其发音为「いちかばちかのしょうぶ」，其中「八」的发音应特别注意。

44 正确答案是2。

「深刻/しんこく」，意为"严肃、严重"。「深刻」既可以用来形容问题的严重性，也可以用来形容表情严峻。通常以「深刻な問題」「深刻な影響」「深刻な悩み」等形式出现。将「深刻」后面加上「さ」，使其体言化，与此类似的用法还有「大きさ」「重さ」「みごとさ」等。

其他选项分别是　1　発展→はってん（发展）
　　　　　　　　　3　実効→じっこう（实际效果）
　　　　　　　　　4　重要さ→じゅうよう（重要，要紧）

45 正确答案是4。

　　「躊躇/ちゅうちょ」后面接「せず」表示否定，与前面的「少しも」相呼应，表示一点儿也不犹豫。「躊躇」这个词容易与「惆悵/ちゅうちょう」混淆，「躊躇」表示"踌躇、犹豫不决"之意。而「惆悵」则是"悔恨、可惜"的意思。

魔鬼训练

（一）

　　天災は非情だが、人には情がある。苦しいときにこそ、真の情が分かる。地震、津波、土石流は非情で、人類が直面する共通の脅威だ。中日両国の経済関係は緊密で相互に依存している。日本の工場で何らかの部品が震災で生産停止に追い込まれれば、中国の企業・産業チェーンの正常な回転に影響する可能性もある。地震や津波の災害を前に、中日両国民は心を結び、手をつなぎ、苦難を　1　、震災に共に立ち向かい、できる限り被災者の命を救い、正常な生産・生活秩序の回復に努めなければならない。

　　現在、余震がまた引き続き発生しており、福島原発の危機も回避には至っていない。救援、復興が日本全体の最優先課題となっている。政界の各党派も「政治休戦」に入っている。菅内閣は震災との戦いと復興の両面で重任を　2　。また、混乱せず整然と秩序を保って震災に対処した日本国民の姿は、われわれに深い感銘を与えた。中国は日本が地震対策、救援活動で示した長所は参考に　3　だ。日本政府には国民を導いて震災に打ち勝つ能力があり、強靭で勤勉な日本人は必ず郷土を再建することができると、われわれは信じている。

　　来年、中日国交正常化四十周年を迎える。　4　みれば、中国の現在の発展は日本との友好協力関係と不可分だ。未来の中日関係も今度の震災救援活動や郷土再建と緊密なつながりがある。中国政府と人民は引き続き日本に援助の手、友好の手、協力の手　5　。巨大な自然災害を前に、私たちはひとつの家族だ。

1　1　分け与え　　　　2　分け入って　　　3　分かち合い　　　4　分け隔て

2　1　になっている　2　におっている　　3　にあっている　4　にぎっている

3　1　してはいけない　　　　　　　2　するものか
　　3　すぎないのだ　　　　　　　　4　すべきだ

4　1　ふりあって　　　　　　　　　2　ふりかえって
　　3　ふりあおいで　　　　　　　　4　ふりあてて

5　1　差し伸べている　　　　　　　2　差し合っている
　　3　しんしゅつ　　　　　　　　　4　伸している

（二）

2010年年末、中国では「株価以外何でも値上がりする」と言われる状態でした。電気、水道料金、ガソリン価格などが相次いで値上がりし、 6 長期に抑制できない不動産価格の上昇もあり、一般庶民は生活コストの上昇が「あらゆる所」に広がったと強く感じ、「涨时代」（値上がり時代）の到来を迎えたと嘆く声が各地で上がりました。

こうした時代にあって、人々は「挤生活」（押しつけ生活）を 7 なくされています。スーパーでは人々が品薄商品の買占めに殺到し、コンテナハウスやカプセルアパート、卵形移動住宅といった占有面積の小さな新型建築が登場し、人々は「ビスケットを小麦粉にする」ような出退勤時の車内混雑を体験しています。

そんなうっぷんを 8 ためか、「咆哮体」という新しい文体がネットに登場しました。強い感情を表したり、発言の権利を主張する文体で、他人の注目を集めたい時に使われます。有名人のミニブログでの簡単な一言がファンによって何度も転載されてどこまでも 9 いくのに対し、一般の人の話には、どれほど価値があっても誰も感心を寄せません。そんな状況にあって、「咆哮体」は人々が自らの存在を主張する新たな方法として生まれてきたようです。

もちろん、「淡定」（落ち着く）という言葉で自らを慰める人もいます。こうした心理状態を続けていけば、 10 生活にも慣れることができ、質素でも充実した快適な生活を味わうとができるかもしれません。

6 1　ところで　　　2　ところが　　　3　さらに　　　4　しかし

7 1　余儀　　　　　2　余裕　　　　　3　ところ　　　4　時間

8 1　実現する　　　2　晴らす　　　　3　叫ぶ　　　　4　貰う

9 1　広げて　　　　2　知られて　　　3　広がって　　4　知って

10 1　裕福な　　　　2　楽しい　　　　3　貧乏な　　　4　厳しい

（三）

世界の工場であるばかりか世界の市場ともなった中国は、世界経済のエンジンの役割を担うまでになってきた。 11 、各国とも中国の証券市場の指数に敏感になってきている。とくに日本は最近、国際の景気判断にさえ中国の証券市場指数を取り入れ、重要な参考材料にしている。日本経済新聞社は昨年、日本企業の中国進出拡大を背景にした投資家ニーズの 12 を睨み、「日経中国関連株50」の公表を始めた。中国ビジネスを積極展開する国内主要株式から五十銘柄を選び、指数化して発表している。

　　中国人民元の上昇傾向が長期にわたり続くことが予測されるなか、13が中国になだれ込む傾向は益々強まってくる。そうした流れに押され、中国において金融革命が起こるとも想定されている。そうなれば中国は世界における一大金融マーケットに成長する。

　　香港資本市場が現在すでに内外に開かれた国際市場となっている一方で、上海など中国国内の証券市場における外国企業の上場は14実現できていない。とはいえ、中国政府は外国企業向けの市場の創設をすでに視野に入れており、近い将来日本企業の中国上場を15目にすることとなろう。日本の投資家や企業家にとっては近隣の巨大かつオープンな金融マーケットの誕生は極めて大きな出来事となる。

11　1　ゆえに　　　　　2　しかし　　　　　3　そして　　　　　4　ところが

12　1　減少　　　　　　2　需要　　　　　　3　増大　　　　　　4　状況

13　1　ビジネスマネー　　　　　　　　2　ウェブマネー
　　3　電子マネー　　　　　　　　　　4　グローバルマネー

14　1　もう　　　　2　まだ　　　　3　まさか　　　　4　さえ

15　1　めったに　　　2　ために　　　3　しばしば　　　4　しょうしょう

（四）

　　欧米系、日系、中国民営企業であろうと、人材顧問で苦労されているのは一緒です。ただ比較論になりますが、欧米外資系企業は総じて本国の駐在員は少ない。企業ポストの高位のところまで中国人社員が16、そういう意味で、現地化は日系企業より17いるでしょう。欧米系外資の特徴は製造現場であろうと、業務運営であろうと、きわめてシンプルにしていることです。そのうえで仕組み重視の運営であり、担当者に求めている機能も単純化されています。技術も運用のマニュアルが整備されていて、基本的なオペレレーションでは困らない仕組みになっているところが多いのです。その18、急激な変化や想定外の問題の対応には弱いという難点もあります。処遇においても、職務給が主体であり、ジョブホッピングが前提の人事政策をとっています。

　　一方、日系企業は、生産技術と製造技術に関してはきわめて緻密ですが、運用面に関しては総じて明確な業務の仕組が定められているところが少ないのです。運用は担当者の個人能力（気配り、調整能力）に頼っています。19担当者であれば、高度かつ特殊

な問題まで製造現場で解決することができますが、経験不足、気配り不足、注意力 20
の人材であれば、たちまち工場運営が機能不全に陥ってしまうというところが、日経企
業の一般的なマネジメントスタイルでしょう。

16 1　占めていません　　　　　　　　2　占めています

3　運びます　　　　　　　　　　4　届きます

17 1　進んで　　　　2　遅れて　　　　3　多く　　　　4　よく

18 1　うえ　　　　　2　理由で　　　　3　反面　　　　4　ように

19 1　ぞんざいな　　2　ゆうしゅうな　3　だいたん　　4　おくびょうな

20 1　集中　　　　　2　高い　　　　　3　甘い　　　　4　散漫

正解：3 1 4 2 1　3 1 2 3 4　1 3 4 2 3　2 1 3 2 4

精解专栏
独家发布

（一）

1 正确答案是3。

「分かち合い/わかちあい」意为"互相分享、共同分担"。

其他选项分别是　1　分け与え→わけあたえる（分发，分配）

　　　　　　　　2　分け入って→わけいる（推开进入，拨开进去）

　　　　　　　　4　分け隔て→わけへだて（区别对待，因人而异）

2 正确答案是1。

「になう/担う」意为"担任、担当、承担"。

其他选项分别是　2　におっている→匂う（有香味儿，发臭）

　　　　　　　　3　にあっている→似合う（相称，般配）

　　　　　　　　4　にぎっている→握る（握，紧抓）

3 正确答案是4。

「すべきだ」为句型，意为"应该、应当"。

其他选项分别是　1　してはいけない→　表示"不允许、不准……，不可以……"。

　　　　　　　　2　するものか→反问，表示「しない」的意思。

　　　　　　　　3　すぎないのだ→句型「～にすぎない」，意为"只不过"。

4 正确答案是2。

「ふりかえって/振り返る」意为"回头看、向后看"。

其他选项分别是　1　ふりあって→振り合う（相触）

　　　　　　　　3　ふりあおいで→振り仰ぐ（仰视，仰望）

　　　　　　　　4　ふりあてて→振り当てる（分配，分派）

5　正确答案是1。

「差し伸べている/さしのべる」意为"伸出"。

其他选项分别是

2	差し合っている→差し合う（有妨碍，不方便）	
3	しんしゅつ→進出（进入，打入）	
4	伸している→伸す（长进，发展，打到）	

（二）

6　正确答案是3。

「さらに」表示程度更加递进，意为"越发、并且、还"。在作答此题时，应先了解上下文的意思。特别是「不動産価格の上昇もあり」中的「～もあり」，可以明显看出前后两个分句是递进的关系。

其他选项分别是

1	ところで→（可是，对了）表示话题的突然转折。	
2	ところが→（可是，不过）除表示转折的意思之外，还有"即使……也……"的用法。	
4	しかし→（可是，然而）表示逆接关系。	

7　正确答案是1。

「～を余儀なくされる」为惯用句型，意思是"迫不得已……、不得不……"。「余儀/よぎ」是"其他的方法"的意思。「余儀ない」意为"不得已、无奈、没办法"。

其他选项分别是

2	余裕→よゆう（富余，充裕，从容）	
3	ところ→所（地区，场所，住处）	
4	時間→じかん（时间）	

8　正确答案是2。

「うっぷん/鬱憤」意为"郁愤、愤恨"，「晴らす」意为"解除、消除、雪除"。「うっぷんを晴らす」则意为"发泄郁愤"。

其他选项分别是

1	実現する→じつげんする（实现）	
3	叫ぶ→さけぶ（大声喊叫，呼吁）	
4	貰う→もらう（领，获得，得到）	

9 正确答案是3。

此题重点考查「広がる」与「広げる」用法的区分。「広がる」是自动词，多以「～が広がる」的形式出现，此题的主语是「有名人の～一言が」，因此应用自动词形式接续。而「広げる」则通常以「～を広げる」的形式出现。

其他选项分别是　1　広げて→広げる（扩大，拓宽）
　　　　　　　　　2　知られて→知られる（为……所知）
　　　　　　　　　4　知って→知る（知道，清楚，了解）

10 正确答案是4。

文章的中心意思是：以"淡定"这种态度生活的人其目的是为了能够适应艰苦的生活，但是这种艰苦生活不一定是「貧乏/びんぼう」（贫穷），而是包含了各种艰辛和问题的「厳しい」的生活。

其他选项分别是　1　裕福な→ゆうふく（富裕）
　　　　　　　　　2　楽しい→たのしい（快乐）
　　　　　　　　　3　貧乏な→びんぼう（贫穷）

<h2>（三）</h2>

11 正确答案是1。

「ゆえに」表示前项是后项的原因，多以「～のゆえに」和「～がゆえに」、「～のは～ゆえである」的形式出现。是比较旧的书面语，日语语气较硬。

其他选项分别是　2　しかし（但是，可是）
　　　　　　　　　3　そして（而，又，和，于是）
　　　　　　　　　4　ところが（可是，不过）

12 正确答案是3。

根据上下文，因为投资家的需求增加，所以才有后半句所描述的举措。「増大（ぞうだい）」意为"增大、增多"，「ニーズの増大」是指"需求增加"的意思。

其他选项分别是　1　減少→げんしょう（减少）
　　　　　　　　　2　需要→じゅよう（需要）
　　　　　　　　　4　状況→じょうきょう（情况，状况）

13 正确答案是4。

「グローバルマネー」意为"世界货币"。「グローバル」意为"全球的、全世界规模的"。「マネー」意为"金钱、货币、钱财"。

其他选项分别是　1　ビジネスマネー（商业货币）
　　　　　　　　　2　ウェブマネー、3　電子マネー（电子货币）

14 正确答案是2。

与后面的「～ていない」相呼应，「まだ」表示"还没有～"。

其他选项分别是　1　もう（已经，已）
　　　　　　　　　3　まさか（难道，决不……）
　　　　　　　　　4　さえ（连，甚至，除了……之外，又……）

15 正确答案是3。

「しばしば」意为"屡次、经常、再三"，表示频率高。例如：今月はしばしば雨が降る。/这个月总是下雨。

其他选项分别是　1　めったに→多以「めったに～ない」的形式出现，意为"一般不……、很少……"。
　　　　　　　　　2　ために→表示目的，意为"为了……"。
　　　　　　　　　4　しょうしょう→意为"一点、一些、稍微"。

（四）

16 正确答案是2。

所在句意思为：中国职员做到了企业高层的位置。「ポスト」在这里是"地位、工作岗位、职位"的意思，而不是"邮筒、信箱"的意思。如果这个关键词无法准确理解的话，后面就很难做出正确的选择。

其他选项分别是　1　占めていません→占める（占据，占领）
　　　　　　　　　3　運びます→運ぶ（搬运，运输）
　　　　　　　　　4　届きます→届く（达到，够得着）

17 正确答案是1。

「進む」在这里是"发展、进步、先进"的意思。原句意思为：（欧美外企的）本土化比日企发展得要好些。

其他选项分别是
2 遅れて→遅れる（落后，差劲）
3 多く→（多数，大多）
4 よく→（善于，好好的）

18 正确答案是3。

前句与后句所描述的意思是相反的，所以中间用「反面/はんめん」来接续。

其他选项分别是
1 うえ→（上面，表面）
2 理由で→理由（理由）
4 ように→用法较多，若按原文中「そのように」的用法来说，意思是"像那样"。

19 正确答案是2。

「ゆうしゅうな/優秀な」意为"优秀的"。

其他选项分别是
1 ぞんざいな→马马虎虎的
3 だいたん→大胆（大胆）
4 おくびょうな→臆病（胆小，怯懦）

20 正确答案是4。

「散漫/さんまん」意为"（精神）不集中、散漫"。例如：思考力の散漫な人/思考力不集中的人。

其他选项分别是
1 集中→しゅうちゅう（集中）
2 高い→たかい（高）
3 甘い→あまい（甜，姑息）

模拟考场

限时：6分钟

問題7　次の文章を読んで、41 から 45 の中に入る最もよいものを、1・2・3・4から一つ選びなさい。

　日本人の食生活の特徴について考えてみよう。太古の先住民族や渡来民俗は漁具や鳥獣の肉を常食としていたかもしれないが、その後、南洋や中国などから色々な農法が伝わり、その一方で、肉食を忌む仏教の伝播と共に菜食が発達し、いつのまにか、米穀が主食物となっていたのではないかということは想像するに 41 。

　しかし、はたしてそれだけだろうか。伝えられた農法がもともと日本の風土に適していたか、あるいは、42 この農法が次第に風土に順応しつつ発達することができるものであったということが、より根本的な理由であることを忘れてはいけないのではないか。

　「さかな」ということばをみてみよう。実は「さかな」の「な」は、菜でもあり魚でもある。副食物は主として魚貝と野菜である。これはこの 43-a と 43-b の種類と数量が豊富なことから来る自然の結果であろう。また主要な人口が、比較的新鮮なものが手に入り易い、或いは手に入れ易いような所に 44 していたことなどが、日本の食物の調理法に特殊な影響を及ぼしているのだと思われる。

　よけいな調味で本来の味を失わせないで、その新鮮な材料本来の美味を、それに含まれた貴重なビタミンとともに、自然のままで 45 するのがいちばん有効であることを古代の日本人は知っていたのである。

41　1　やすい　　　　　2　かたくない　　　　3　にくい　　　　　4　ちがいない

42　1　それとも　　　　2　結局　　　　　　　3　少なくとも　　　4　逆に

43　1　a菜食 / b副食物　　　　　　　　　　　2　a主食物 / b副食物
　　3　a魚貝 / b野菜　　　　　　　　　　　　4　a魚 / b副食物

44　1　分布　　　　　　2　適当　　　　　　　3　配布　　　　　　4　該当

45　1　栽培　　　　　　2　捕獲　　　　　　　3　飲む　　　　　　4　摂取

精 解 专 栏
独家发布

41 正确答案是2。

　　动词词典型「にかたくない」为惯用句型，意为"容易……、不难……"。动词后面加「に」不能直接接「やすい」。

　　其他选项分别是　1　やすい→安い（便宜）/易い（接在动词连用形后，表示容易……）

　　　　　　　　　　3　にくい→憎い（可恶）/難い（接在动词连用形后，表示难以……）

　　　　　　　　　　4　ちがいない→違いない（一定，肯定）

42 正确答案是3。

　　「少なくとも」意为"至少、起码"。

　　其他选项分别是　1　それとも（还是，或者）

　　　　　　　　　　2　結局（结果）

　　　　　　　　　　4　逆に（相反）

43 正确答案是3。

　　根据句子意思，「これはこの」表示继续描述前项事物，只有选项3「魚貝/野菜」是前面句中「副食物は主として魚貝と野菜である」中提到过的。

　　其他选项分别是　1　a菜食/b副食物→aさいしょく/bふくしょくぶつ（a素食/b副食）

　　　　　　　　　　2　a主食物/b副食物→aしゅしょくぶつ/bふくしょくぶつ（a主食/b副食）

　　　　　　　　　　4　a魚/b副食物→aさかな/bふくしょくぶつ（a鱼/b副食）

　　此题一问考两个词，难度较大，解答时应仔细阅读前后文，再做判断。

44 正确答案是1。

句子主干是「人口が～所に分布」，意思是阐述人口分布在什么样的地方。「分布/ぶんぷ」是"分布"的意思，经常以「～に分布している」的形式出现。

其他选项分别是　2　適当→てきとう（适当，恰当，随便）

3　配布→はいふ（散发）

4　該当→がいとう（符合，相当）

45 正确答案是4。

句子主干是「美味とビタミンを摂取（せっしゅ）する」，意思是摄取维生素和美味。「摂取」多用在食物、营养和文化、技术等后面。

其他选项分别是　1　栽培→さいばい（栽培，种植）

2　捕獲→ほかく（捕获，多用于捕获动物等）

3　飲む→のむ（喝，咽）

模擬テスト（一）

<u>限时：37分钟</u>

問題1 ＿＿＿＿の言葉の読み方として最もよいものを、1・2・3・4から一つ選びなさい。

1 奇数番号の札を持っている人は手を上げてください。
　　1　きすう　　　　　2　ぎすう　　　　　3　きかず　　　　　4　きす

2 このりんごは改良された品種です。
　　1　ひんじゅ　　　　2　ひんしゅう　　　3　ひんしゅ　　　　4　しなたね

3 明後日の早朝そちらに到着の予定です。
　　1　そちょう　　　　2　はやあさ　　　　3　そうちょ　　　　4　そうちょう

4 今回の台風で大連は大雨が降って川が溢れそうだ。
　　1　もれそう　　　　2　あふれそう　　　3　きれそう　　　　4　まぎれそう

5 テレビは津波の現場を中継している。
　　1　ちゅうけい　　　2　ちゅうぎ　　　　3　ちゅうけ　　　　4　ちゅうぞく

6 昔、このあたりの牧草が茂っていた。
　　1　もって　　　　　2　にぎわって　　　3　はやって　　　　4　しげって

問題2 （　　）に入れるのに最もよいものを、1・2・3・4から一つ選びなさい。

7 先方に協力を依頼したが、（　　　　）断られてしまった。
　　1　しんなり　　　　2　うんざり　　　　3　ひんやり　　　　4　やんわり

8 そのドラマの主人公は歴史（　　　　）の人物をモデルにしている。
　　1　内　　　　　　　2　上　　　　　　　3　面　　　　　　　4　側

9 田中先生は神経が（　　　　）、生徒たち一人一人をよく理解してくれる。
　　1　きよらかで　　　2　しなやかで　　　3　こまやかで　　　4　さわやかで

10 わずかな積雪だったが、東京では交通がマヒして、都市のもろさを（　　　）した。

1　発見　　　　　2　露出　　　　　3　発覚　　　　　4　露呈

11 今日は（　　　）春らしい、いい天気だ。

1　いかにも　　　2　つとめて　　　3　とかく　　　　4　まるで

12 うちの（　　　）は、入り口が狭くて車が入れにくい。

1　ガレージ　　　2　スタジオ　　　3　ステージ　　　4　フロント

13 田中さんは一生この信念を（　　　）。

1　はたした　　　2　うちこんだ　　　3　やりとげた　　　4　つらぬいた

問題3　＿＿＿＿の言葉に意味が最も近いものを、1・2・3・4から一つ選びなさい。

14 おぼれている子供の命が救われた。

1　水中で死にそうな　　　　　　　2　泳いでいる
3　落ちそうな　　　　　　　　　　4　滑ってしまった

15 こういう場合は先輩の意見をあおいだほうがいい。

1　あおった　　　2　もとめた　　　3　あかした　　　4　うやまった

16 問題が起きたら、すみやかに応じられる。

1　簡単に　　　　2　すこしずつ　　3　とてもはやく　4　落ち着いて

17 結婚式の進行はあらかじめ計画を立てなければならない。

1　前もって　　　2　熱心に　　　　3　何度も　　　　4　以前に

18 彼にうそをついてしまって、気がとがめた。

1　心配になった　　2　腹がたった　　3　悪いと思った　　4　悔しかった

19 A社とB社はいつも張り合っている。

1　尊重して　　　2　応援して　　　3　無視して　　　4　競争して

問題4　次の言葉の使い方として最もよいものを、1・2・3・4から一つ選びなさい。

20　くつがえす

1　同じ過ちをくつがえすな。

2　自転車がスリップしてそのままくつがえした。

3　実験の成功で従来の定説をくつがえす。

4　くつがえして見たら中学時代の親友が立っている。

21　趣旨

1　この組織を設立する趣旨を説明させていただきます。

2　スキーを趣旨としてもう十何年も続けている。

3　趣旨のためには手段を選ばない。

4　なんでもプラス趣旨で考えたほうがいいと思う。

22　長々

1　近所との付き合いはもう長々になりました。

2　先生に長々と説教された。

3　面白い話をしてみんなに長々と笑われた。

4　長々と文章を読んで、本当に気が晴れた。

23　こじれる

1　彼女と仲がこじれて困っている。

2　この生地はカシミヤが30％こじれている。

3　あの先生は歴史研究にこじれて10年になる。

4　おゆに蜂蜜を少しこじれると体にいい。

24　コメント

1　彼女はきれいなコメントを着ている。

2　パソコンのコメントが故障して起動できない。

3　この地域は建設ラッシュでコメントの使用量がかなり多い。

4　今回に事件について責任者はノーコメントらしいよ。

25　きまりわるい

1　彼は帰ろうか帰るまいかときまりわるかった。

2　まだ結果が分からないので、留学に行くか否かきまりわるい。

3　彼は<u>きまりわるそうに</u>私に謝った。

4　人の<u>きまりわるい</u>時に乗じてお金を盗んだ。

問題5　次の文の（　　　）に入れるのに最もよいものを、1・2・3・4から一つ選びなさい。

26　レストランではお客様の要望に（　　　）サービスをしなければならない。
　　1　伴って　　　　2　沿って　　　　3　応じて　　　　4　反して

27　彼はそれを聞く（　　　）ものも言わずに立ち去った。
　　1　とたん　　　2　しだい　　　　3　ばかり　　　　4　やいなや

28　高速道路の渋滞を（　　　）に、私たちはゆうゆうと新幹線で東京に向かった。
　　1　まれ　　　　2　とく　　　　　3　もく　　　　　4　よそ

29　子供たちは汗（　　　）になっても気にせずに遊んでいる。
　　1　っぽく　　　2　まみれ　　　　3　いっぱい　　　4　ずくめ

30　色々ほしいものはあるが、借金（　　　）して、買いたいとは思わない。
　　1　まで　　　　2　のように　　　3　さえ　　　　　4　もの

31　やっと、借金の返済の見込みが（　　　）。
　　1　終わった　　2　見れた　　　　3　立った　　　　4　定めた

32　彼は、皮肉（　　　）た言い方をした。
　　1　っぽい　　　2　めい　　　　　3　いれ　　　　　4　こめ

33　この工事を三ヶ月で完成させるというのは（　　　）がある。絶対にできない。
　　1　むやみ　　　2　むり　　　　　3　むりに　　　　4　むしろ

34　教科書は学校で購入できる。（　　　）大きな書店でも販売している。
　　1　まだ　　　　2　まして　　　　3　また　　　　　4　まみれ

35　「胎児は人間じゃない」などとは、聖職者にある（　　　）発言である。
　　1　べき　　　　2　べく　　　　　3　まじき　　　　4　まで

問題6　次の文の＿★＿に入る最もよいものを、1・2・3・4から一つ選びなさい。

36　その作家は、ここ数年＿＿＿＿　＿＿＿＿　＿★＿＿　＿＿＿＿と言っている。
　　　1　まとまった　　　2　仕事ができない　3　なかなか　　　4　病気がちで

37　過去5年の＿＿＿＿　＿＿＿＿　＿★＿＿　＿＿＿＿見せている。
　　　1　にもまして　　　2　成長を　　　　　3　すばらしい　　4　業績

38　母がその手紙を受け取ったときの＿＿＿＿　＿＿＿＿　＿★＿＿　＿＿＿＿ものだった。
　　　1　顔　　　　　　　2　たとえ　　　　　3　ようがない　　4　といったら

39　会社では悪口を＿＿＿＿　＿＿＿＿　＿★＿＿　＿＿＿＿なんとかしよう。
　　　1　から　　　　　　　　　　　　　2　では
　　　3　言われっぱなし　　　　　　　　4　君の立場がない

40　彼女は夫の欠点を＿＿＿＿　＿＿＿＿　＿★＿＿　＿＿＿＿離婚すると言い出した。
　　　1　あげくの　　　　2　並べ上げ　　　　3　果てには　　　4　延々と

問題7　次の文章を読んで、41から45の中に入る最もよいものを、1・2・3・4から一つ選びなさい。

　採用にあたって面接はきわめて重視されている。ふつう、採用内定まで数回の面接を行って受験者の人間性・個性・熱意などを41。個人面接だけでなく、集団面接や集団討論などを実施するところもある。面接でよく聞かれることは、受験者本人に関しては「なぜこの会社を選んだか」という志望理由や志望の職種・得意学科・卒論テーマ・その他・教科以外に42こと・最近興味を持った時事問題・趣味・特技・クラブ活動・自分の長所・短所など。また会社43、社長名・経営方針・資本金・同業他社に比べての特徴・製品名とその特性などである。とくに、自分のセールス44を、2・3点を要領よくまとめて発表できるようにすること。いかなる質問にも十分に準備して臨み、一貫性をもって簡潔明瞭に答えられるようにし、自分45持ち味・個性が出せるように謙虚な姿勢で臨むのがよい。熱意をみせようとして自己意識過剰になり、聞かれてもいないことを喋り過ぎないように気をつけよう。

41	1 消えていく	2 沸いていく	3 確かめていく	4 忘れていく

42	1 知ってる	2 打ち込んだ	3 嫌いな	4 苦手

43	1 関しては	2 といえば	3 までに	4 から

44	1 マネー	2 ルート	3 ビジネス	4 ポイント

45	1 こそ	2 らしい	3 だけ	4 さえ

精 解 专 栏
独家发布

問題1

1 正确答案是1。

汉语意思为：请手里拿奇数号牌的人举手。

此题重点考查名词的音读，对于中国考生来说，此题难度不大。与「奇数/きずう」相关联的还有「奇跡/きせき」「好奇心/こうきしん」等。

其他选项分别是
2 ぎすう→无
3 きかず→无
4 きす→期す（期待，期望）

2 正确答案是3。

汉语意思为：这种苹果是改良品种。

此题重点考查长音，应重点记忆「種」的音读为没有长音的「しゅ」，其训读为「たね」。选项4为「品」和「種」各自的训读，实际没有这种组合方式。

其他选项分别是
1 ひんじゅ→无
2 ひんしゅう→无
4 しなたね→无

3 正确答案是4。

汉语意思为：预计后天一大早到达那边。

此题重点考查长音。「早/そう」和「朝/ちょう」都是考查的对象。

其他选项分别是
1 そちょう→蘇張（苏张，指苏秦与张仪，比喻擅长口才者）
2 はやあさ→无
3 そうちょ→无

4 正确答案是2。

汉语意思为：因这次台风，大连下了大雨，河水眼看要溢出来了。

此题重点考查自动词「溢れる」的读音。需要注意的是「溢れる」也有读「こぼれる」的时候。

其他选项分别是　　1　もれそう→漏れる（泄露）

　　　　　　　　　3　きれそう→切れる（断开，间断）

　　　　　　　　　4　まぎれそう→紛れる（混同，混淆）

5　正确答案是1。

汉语意思为：电视正在转播海啸现场。

此题重点考查双字单词的音读，需要注意的是「継」字根据单词还有「つぎ、けい、まま」等读音。例如「後継ぎ/あとつぎ」「継続/けいぞく」等。

其他选项分别是　　2　ちゅうぎ→忠義（忠义）

　　　　　　　　　3　ちゅうけ→无

　　　　　　　　　4　ちゅうぞく→无

6　正确答案是4。

汉语意思为：以前这一带牧草繁茂。

「茂」字还有「しみ、も」等读法，例如「上賀茂/かみがも」「茂才/もさい」等，「しげる」的汉字还可以写作「繁る」。

其他选项分别是　　1　もって→持つ（拿）

　　　　　　　　　2　にぎわって→賑わう（热闹）

　　　　　　　　　3　はやって→流行る（流行，如果「流行」没有送假名「る」，则读作「りゅうこう」）

問題2

7　正确答案是4。

汉语意思为：虽然拜托对方给予我们协助，但是被委婉地拒绝了。

这道题目重点考查的是副词词义辨析。由于与选项结构相似，所以很容易混淆，其他选项的意思也应一并记忆。

其他选项分别是　　1　しんなり（柔软，蔫）

　　　　　　　　　2　うんざり（厌腻，索然）

　　　　　　　　　3　ひんやり（冰冷，冷漠）

8　正确答案是2。

汉语意思为：那个电视剧的主人公是以历史人物为原型的。

这道题目重点考查的是复合词构成辨析。「上/じょう」意为"在某一方面、在某点"，常用的组合有「仕事上/しごとじょう」「インターネット上」等。

其他选项分别是　1　内→うち（里面）

　　　　　　　　　3　面→めん（方面）

　　　　　　　　　4　側→がわ（一側）

⑨　正确答案是3。

汉语意思为：田中老师很细心，很好地理解我们每一位学生。

这道题目重点考查的是形容动词词义辨析。「細やか/こまやか」是"细腻、详细、细致"的意思。与「こまやか」意思相同的形容词是「細かい/こまかい」，所以也常说「神経が細かい」，这个词除了心细还有敏感的意思。

其他选项分别是　1　きよらかで→清らか（清洁）

　　　　　　　　　2　しなやかで→しなやか（柔和，温柔）

　　　　　　　　　4　さわやかで→爽やか（爽朗）

⑩　正确答案是4。

汉语意思为：只是一点点的积雪，东京的交通就瘫痪了，暴露出城市的弱点。

这道题目重点考查的是名词词义辨析。选项当中是其他形式或者是含义上比较类似的名词。原文中有几个关键词一定要弄清楚各自的意思。「マヒ」当用汉字写作「麻痺」，是"麻痹"的意思。「もろさ/脆さ」即"脆弱、易碎性"的意思。

其他选项分别是　1　発見→はっけん（发现）

　　　　　　　　　2　露出→ろしゅつ（显露出来）

　　　　　　　　　3　発覚→はっかく（发觉）

⑪　正确答案是1。

汉语意思为：今天简直就像春天，是个好天气。

这道题目重点考查的是语法点区别辨析。选项当中是其他形式或者是含义上比较类似的动词。「いかにも」经常与「らしい」相呼应，表示简直就像……。

其他选项分别是　2　つとめて（尽可能）

　　　　　　　　　3　とかく（动不动）

　　　　　　　　　4　まるで（简直，宛如）

⑫　正确答案是1。

汉语意思为：我家的车库入口窄，车很难进入。

这道题目重点考查的是外来语词义辨析。「ガレージ」意为"汽车房、车库"。

其他选项分别是　2　スタジオ（摄影棚）

　　　　　　　　　3　ステージ（舞台）

　　　　　　　　　4　フロント（前台）

13 正确答案是4。

汉语意思为：田中一生都坚持这个信念。

这道题目重点考查的是动词词义辨析。「つらぬく/貫く」除了"穿过、贯通、贯穿"的意思之外，还有"贯彻、坚持、达到"的意思。

其他选项分别是　1　はたした→果たす（完成）

　　　　　　　　　2　うちこんだ→打ち込む（热衷，迷恋）

　　　　　　　　　3　やりとげた→やり遂げる（完成）

問題3

14 正确答案是1。

汉语意思为：溺水的孩子获救了。

「おぼれる/溺れる」是指因在水中不能游泳而下沉或者是掉入水中死亡的意思。选项1「水中で死にそうな」意为"在水里快要不行了"，最贴近「おぼれる」意思的表述。

其他选项分别是　2　泳いでいる→正在游泳

　　　　　　　　　3　落ちそうな→快要掉（下来、进去）

　　　　　　　　　4　滑ってしまった→滑倒了

15 正确答案是2。

汉语意思为：在这种情况下，征求一下前辈的意见比较好。

「あおぐ/仰ぐ」是指尊为、推为或者依赖、请求。而「求める」也有"征求、请求"的意思。

其他选项分别是　1　あおった→煽る（吹动，催动，哄抬）

　　　　　　　　　3　あかした→明かす（揭露，过夜）

　　　　　　　　　4　うやまった→敬う（尊敬，敬重）

16 正确答案是3。

汉语意思为：出现问题能够迅速地应对。

「すみやか/速やか」意为"快、迅速、及时"。这只与选项3「とてもはやく」的意思最接近。

其他选项分别是	1	簡単に→かんたん（简单）
	2	すこしずつ→（一点一点）
	4	落ち着いて→落ち着く（意为"沉着、稳重"。此选项虽然在句意分析上和接续上都正确，但是意思与「すみやか」不接近，不符合题意）

17 正确答案是1。

汉语意思为：举行结婚仪式必须得提前计划好。

「あらかじめ/予め」意为"预先、事前"。「前もって」也是"预先、事先"的意思。二者意思相同，接续也没问题，所以可选。

其他选项分别是	2	熱心に→ねっしん（热心）
	3	何度も→なんども（多次）
	4	以前に→いぜんに（以前）

18 正确答案是3。

汉语意思为：向他撒了谎，觉得很对不住他。

「とがめる/咎める」意为"责难、责备、挑剔"。「気がとがめる」有"过意不去、于心不安"的意思。「悪いと思った」是"觉得对不住"的意思，与题干意思最为接近。

其他选项分别是	1	心配になった→しんぱいになる（担心）
	2	腹がたった→はらがたつ（生气）
	4	悔しかった→くやしい（窝火，窝心）

19 正确答案是4。

汉语意思为：A公司与B公司总是相互竞争。

「張り合う/はりあう」意为"竞争、争夺"。所以选择「競争/きょうそう」这个词比较恰当。

其他选项分别是	1	尊重して→そんちょう（尊重）
	2	応援して→おうえん（支援）
	3	無視して→むし（无视）

問題4

20 正确答案是3。

汉语意思为：实验的成功颠覆了以往的定论。

「くつがえす/覆す」意为"打翻、弄翻、推翻"。如「制度を覆す」「岩を覆す」。

其他选项应该是　1　同じ過ちを<u>くりかえすな</u>。/不要犯同样的错误！

2　自転車がスリップしてそのまま<u>ひっくり返った</u>。/自行车打滑结果就那样翻过来了。

4　<u>振り返って</u>見たら中学時代の親友が立っている。/回头一看，中学时的好朋友站在那儿。

21　**正确答案是**1。

汉语意思为：**请允许我说明一下本组织成立的宗旨。**

「趣旨/しゅし」意为"宗旨、趣旨"。

其他选项应该是　2　スキーを<u>趣味</u>としてもう十何年も続けている。/作为兴趣爱好已经连续滑雪十几年了。

3　<u>目的</u>のためには手段を選ばない。/为了达到目的不择手段。

4　なんでも<u>プラス</u>思考で考えたほうがいいと思う。/我认为无论什么都以积极的心态去面对比较好。

22　**正确答案是**2。

汉语意思为：**被老师说教了很长时间。**

「長々/ながなが」是指时间的冗长。

其他选项应该是　1　近所との付き合いはもう<u>長いです</u>。/和附近邻居已经互相走动很长时间了。

3　面白い話をしてみんなに<u>大笑いされた</u>。/说了有意思的话，大家笑得很厉害。

4　<u>のびのびと</u>文章を読んで、本当に気が晴れた。/读了文笔流畅的文章，心情也舒畅了。

23　**正确答案是**1。

汉语意思为：**和女朋友闹别扭了，很烦恼。**

「こじれる/拗れる」意为"别扭、执拗、复杂化、恶化"。

其他选项应该是　2　この生地はカシミヤが30％<u>混じっている</u>。/这种面料混有30％的羊毛。

3　あの先生は歴史研究に<u>打ち込んで</u>10年になる。/那位老师埋头研究历史有10年了。

4　おゆに蜂蜜を少し<u>混ぜる</u>と体にいい。/在热水里放上蜂蜜对身体好。

24 正确答案是4。

汉语意思为：对于这次事件，负责人好像一言没发。

「コメント」意为"评语、解说、注释"。

其他选项应该是 1 彼女はきれいなコートを着ている。/她穿着漂亮的大衣。

2 パソコンのシステムが故障して起動できない。/电脑系统发生故障无法启动。

3 この地域は建設ラッシュでコンクリートの使用量がかなり多い。/这个地区处于建设高峰期，混凝土的使用量非常大。

25 正确答案是3。

汉语意思为：他不好意思地向我道歉了。

「きまりわるい/決まり悪い」意为"不好意思、拉不下脸、尴尬、难为情"。

其他选项应该是 1 彼は帰ろうか帰るまいかと躊躇した。/他犹豫是回去还是不回去。

2 まだ結果が分からないので、留学に行くか否かきまりづらい。/结果还不知道所以难以决定是否去留学。

4 人の油断に乗じてお金を盗んだ。/趁人不注意的时候偷了钱。

問題5

26 正确答案是3。

汉语意思为：在餐厅里，必须根据客人的要求提供服务。

此题重点考查的是「に応じて」的句型，意为"根据……"。例如：物価の変動に応じて給料をあげる。/根据物价的浮动情况来提高工资。

27 正确答案是4。

汉语意思为：他一听那话，什么也没说就离开了。

此题重点考查动词词典型加「やいなや」的句型，意为"刚一……就……"。例如：その薬を飲むやいなや、急に眠気がおそってきた。/吃了那个药，困意一下子就袭了上来。其他选项均为混淆项。

28 正确答案是4。

汉语意思为：我们不慌不忙地乘坐新干线去了东京，根本没理会高速公路堵车情况。

此题重点考查的是「～をよそに」的用法，表示漠不关心、没有关系。例如：弟は親の心配をよそに毎晩遅くまで遊んでいる。/弟弟不顾父母的担心，每天都玩儿到很晚。

29 正确答案是2。

汉语意思为：孩子们玩得满头大汗也不在乎。

此题重点考查「まみれ」的用法，多表示沾满污垢的状态。例如：犯行現場には血まみれのナイフが残されていた。/犯罪现场留下了一把沾满血迹的刀子。其他选项均为混淆项。

30 正确答案是1。

汉语意思为：虽然想要的东西很多，但是不想借钱去买。

此题重点考查的是「までして」的句型，表示为做某事而采取那样的手段是不好的、竟然做那样的事等。例如：彼が自殺までして守りたかった秘密というのは何だろう。/他不惜以自杀来保守的秘密究竟是什么呢?

31 正确答案是3。

汉语意思为：终于有希望还钱了。

此题重点考查的是「見込みが立つ」这一惯用型，有"希望、预定"的意思。例如：復旧の見込みが立っています。/有望恢复。其他选项均为错误用法。

32 正确答案是2。

汉语意思为：他说了带有讽刺意味的话。

此题重点考查的是「めく」的用法，表示"像……样子、带有……气息"。例如：少しずつ春めいてきた。/有点春天的气息了。而「っぽい」则表示具有某种倾向或特质，且接续不对，所以不能选。

33 正确答案是2。

汉语意思为：这个工程让三个月完成有点过分，绝对办不到。

此题重点考查的是「むりがある」的句型，表示有不合理的地方、不切合实际。例如：今度の計画には無理がある。/这次的计划有不合理的地方。选项1「むやみ/無闇」是"胡乱、随便"的意思；选项4「むしろ」是"宁可、莫如"的意思。

34 正确答案是3。

汉语意思为：教科书在学校可以购买，另外大型书店也有卖的。

此题重点考查「また」和「まだ」的区别。「また」意为"又、另外、还"；而「まだ」则表示动作状态的持续。例如：ガソリンはまた値上がりした。/汽油又涨价了。

35 正确答案是3。

汉语意思为："胎儿不是人"这种发言与神职人员的身份是不相符的。

此题重点考查「あるまじき～だ」的句型，表示指责某人不应该有的、不相称的言行。例如：業者から金品を受け取るなど公務員にあるまじきことだ。/向工商业者收取钱物，这是不应该发生在公务员身上的事情。

問題6

36 正确答案是1。

原句应为：その作家は、ここ数年病気がちでなかなかまとまった仕事ができないと言っている。

汉语意思为：那个作家说最近这几年经常生病，所以很难写出有条理的东西来。

「もとまった」意为"相当多的、有系统的、有条理的"，因此判断1、2应该连在一起，由此可推断出整体意思，因此整体的顺序应为4312。

37 正确答案是3。

原句应为：過去5年の業績にもましてすばらしい成長を見せている。

汉语意思为：超过以往5年的业绩，显示了可观的发展。

此题应先了解句型「にもまして」的用法，然后再排列顺序。根据最后的「見せている」可判断最后一项应为2，因此整体的顺序应为4132。

38 正确答案是2。

原句应为：母がその手紙を受け取ったときの顔といったらたとえようがないものだった。

汉语意思为：母亲接到那封信时的表情无法形容。

根据前半句可知第一项应为名词1「顔」，此外知道「ようがない」和「といったら」的句型也对此题有很大的帮助，因此整体的顺序应为1423。

39 正确答案是4。

原句应为：会社では悪口を言われっぱなしでは君の立場がないからなんとかしよう。

汉语意思为：在公司你对流言蜚语不加理睬，这说明你自己没有立场，还是想想对策吧。

首先根据前半句「を」来找动词，由此可判定选项3在前面，其次根据推测的句子意思进行排序，因此整体的顺序应为3241。

40 正确答案是1。

原句应为：彼女は夫の欠点を延々と並べ上げ、あげくの果てには離婚すると言い出した。

汉语意思为：她喋喋不休地数落丈夫的缺点，最后又提出了离婚。

首先要了解各个选项的意思，然后再进行句意的推测，整体的顺序应为4213。

問題7

41 正确答案是3。

根据意思，在面试时，公司需要弄清或了解应聘者的为人、性格和工作热情等。所以选择3，「確かめる」表示弄清、查明、确认的意思。其他选项意思本身不难，但如果想正确回答此题则需弄清前后句的关系和意思。

42 正确答案是2。

表示对学科以外的事情是否有专注过。「打ち込む」意为"热衷、全神贯注"。「知っている」虽然字面意思为"知道学科以外的事情"，但是不符合公司面试提问的场合，所以不能选。

43 正确答案是1。

「～に関しては」表示有关……。句子意思为"此外，在与公司有关的内容方面，（会提问）社长姓名、经营方针、注册资金、与同行业其他公司相比有何特征、商品名称及其特征等问题。"最容易错选的是选项2「といえば」，「といえば」多用于提出一个新的话题，虽然接续方面没有问题，但是不符合前后文意思，所以不选。

44 正确答案是4。

「セールスポイント」是常用词，本意为"商品特点、商品优点"。在文中用来形容应聘者的亮点或特点。意为"特别是（最好）能够将自己的长处能归纳成2、3条进行说明"。

45 正确答案是2。

「らしい」表示具有前项名词的特征，为"像……样的、有……特征"的意思。根据前后文可以推断出「自分 45 」是「持ち味·個性」的修饰语，而不是后半句的主语，因此其他选项都不合适。正确选项「らしい」代入后，整句的意思是："要做到无论对于什么样的问题都要充分准备，回答问题具有一贯性并且简洁明了。以谦虚的姿态展现出自己特有的风格和特长比较好。"

模擬テスト（二）

限时：37分钟

問題1 　＿＿＿の言葉の読み方として最もよいものを、1・2・3・4から一つ選びなさい。

1 あの先生は学生に好評である。
　1　こうびょう　　2　こうぴょう　　　3　こうひょう　　4　こうばん

2 今その家族の間ではこの話は禁物だ。
　1　きんぶつ　　　2　きんもの　　　　3　きんごと　　　4　きんもつ

3 彼女はいつも心の平らな人だ。
　1　たいら　　　　2　へいら　　　　　3　ひら　　　　　4　へら

4 夜明け前に海は穏やかになった。
　1　にぎやか　　　2　すみやか　　　　3　おだやか　　　4　ひそやか

5 2、3年会わないうちに彼もずいぶん老いた。
　1　さいた　　　　2　おどろいた　　　3　みちびいた　　4　おいた

6 ご飯つぶを練ってのりにする。
　1　ねって　　　　2　かって　　　　　3　にぎって　　　4　つくって

問題2 　（　　　）に入れるのに最もよいものを、1・2・3・4から一つ選びなさい。

7 同じ英語（　　　）の国といっても、そこで使われている英語はさまざまだ。
　1　圏　　　　　　2　産　　　　　　　3　界　　　　　　4　派

8 あの店員は、来たばかりのころは自信なさそうに（　　　）していたが、今はすっかり落ち着いた。
　1　いやいや　　　2　おどおど　　　　3　ぐずぐず　　　4　だらだら

9 （　　　　）この実験がうまくいかなかったとしても、新製品の開発には影響はない。

1　かりに　　　　2　いっそう　　　　3　つねに　　　　4　さらに

10 あの人はおとなしそうに見えるが、することが（　　　）でびっくりさせられる。

1　盛大　　　　2　膨大　　　　3　大体　　　　4　大胆

11 アルバイトの条件は、会社と（　　　）して決めることになっている。

1　会見　　　　2　交渉　　　　3　対話　　　　4　譲歩

12 山田さんは頼りにならないと思っていたが、今度の活躍を見てその考えを（　　　）。

1　おさめた　　　2　あらためた　　　3　うちきった　　　4　おいだした

13 このファイルに入っている（　　　）は絶対秘密だ。

1　オンライン　　2　チャンネル　　3　データ　　　4　マスコミ

問題3　＿＿＿＿の言葉に意味が最も近いものを、1・2・3・4から一つ選びなさい。

14 市民の猛反対により、この工場の建設はやむをえなく、中止した。

1　ありがたく　　2　しかたがなく　　3　いさましく　　4　めざましく

15 この商品の生産は計画どおりにはこんでいる。

1　すすんでいる　　2　おわっている　　3　やめている　　4　遅れている

16 結婚は両親にはかってから決めたいと思う。

1　報告して　　　2　相談して　　　3　予測して　　　4　反対して

17 この会社は問題のあるミルクを販売して本当にひどい。

1　怪しい　　　　2　とくい　　　　3　むごい　　　　4　ややこしい

18 ラップされたスイカは冷蔵庫に入れたら、2日ぐらいもつだろう。

1　腐る　　　　2　食べる　　　　3　忘れる　　　　4　持つ

19 携帯電話の着信履歴を見せてください。

1　記憶　　　　2　録音　　　　3　記録　　　　4　歴史

問題4　次の言葉の使い方として最もよいものを、1・2・3・4から一つ選びなさい。

20 手はず

1　ちょっと遠いので手はずで取れない。

2　結婚式当日の手はずを決める。

3　旅行会社にホテルの手はずを頼んだ。

4　毎月5万円の家賃手はずがある。

21 ほのか

1　このブランデーはほのかでおいしい。

2　あの人はほのかでよく忘れ物をする。

3　私は秋のほのかな午後が好きだ。

4　彼の洋服にはほのかなタバコのにおいがする。

22 むっつり

1　りんごをむっつり買った。

2　彼女はむっつりで会社の飲み会もあまり参加しない。

3　休日はよく海に行ってむっつりする。

4　殺人現場は実にむっつりな状況だった。

23 アポ

1　アポは1969年に人類を月に送った。

2　アポを取ってから先方に会いに行く

3　問題を解決するアポをつかむ。

4　私は六人家族でアポに住んでいる。

24 めめしい

1　両親は子供のめめしいことを聞きたくない。

2　このスイカはめめしくておいしい。

3　彼女の目がめめしくしてかわいい。

4　めめしい野菜を食べたいなあ。

25 よさむ

1　北方のよさむとして最強の軍を置く。

2　北海道のよさむを聞くのが好きだ。

3　秋もよさむになると霜がふるようになる。

4　江戸のおさむを長崎で討つ。

問題5　次の文の（　　　）に入れるのに最もよいものを、1・2・3・4から一つ選びなさい。

26　これは人気商品だ。店頭に並べる（　　　）飛ぶように売れていった。
1　とたん　　　　2　かたわら　　　　3　そばから　　　4　ばかり

27　今年の夏は猛暑が続くと（　　　）、連日の雨で冷害の心配さえでてきた。
1　おもった　　　2　おもいきや　　　3　おもったか　　4　おもっても

28　学生でもある（　　　）、アルバイトはやめて、きちんと勤めなさい。
1　まいし　　　　2　から　　　　　　3　ように　　　　4　まいか

29　酒は絶対やめる。もう二度と飲む（　　　）。
1　べき　　　　　2　こそ　　　　　　3　まし　　　　　4　まい

30　水道水を出し（　　　）にしないでください。
1　っぱなし　　　2　っぽい　　　　　3　まま　　　　　4　こそ

31　彼の公演は上海（　　　）中国各地で行われる予定です。
1　がはやいか　　2　にあたって　　　3　をかわきりに　4　をかわきりに

32　あんなに残業していたら、あいつは（　　　）過労で倒れるだろう。
1　どうせ　　　　2　なにやら　　　　3　いまに　　　　4　ときに

33　（　　　）がなければ今夜ご自宅にお電話しますが。
1　さしつかえ　　2　べんぎ　　　　　3　つごう　　　　4　ようけん

34　老人は（　　　）がっかりした様子で立ち去った。
1　サーモン　　　2　さも　　　　　　3　べつに　　　　4　いかに

35　彼は妻の言い（　　　）になっている。
1　こと　　　　　2　なり　　　　　　3　まま　　　　　4　ようす

問題6　次の文の＿★＿に入る最もよいものを、1・2・3・4から一つ選びなさい。

36 中国のマラソン選手は＿＿＿ ＿＿＿ ＿★＿ ＿＿＿悠々とゴールに飛び込んだ。
　　1　を越えて　　　2　どんどん　　　3　ほかの選手　　4　遅れていく

37 ＿＿＿ ＿＿＿ ＿★＿ ＿＿＿ほうがいい。
　　1　わけでは　　　2　ばかにされた　　3　そんなに怒らない　　4　あるまいし

38 ゲームセンターに＿＿＿ ＿＿＿ ＿★＿ ＿＿＿。
　　1　はじめて　　　2　といったらない　3　うるさい　　　4　行ったが

39 あの人は＿＿＿ ＿＿＿ ＿★＿ ＿＿＿できるそうだよ。
　　1　泳ぐことが　　2　ゆっくりなら　　3　20kmでも　　　4　30kmでも

40 会社への不満ばかり言う社員が＿＿＿ ＿＿＿ ＿★＿ ＿＿＿ことを忘れるな。
　　1　自分である　　2　いるが　　　　　3　あっての　　　　4　会社

問題7　次の文章を読んで、41から45の中に入る最もよいものを、1・2・3・4から一つ選びなさい。

　どちらも試験があるので、進学と就職は似ているといえば 41 。しかし大きな違いがある。進学は、試験に通れば授業料を払うあなたが「お客様」である。ところが就職は、企業や官庁があなたの労働能力を「買う」。あなたは自分を「 42 」のである。働けば給料をもらうことになる。雇う側にすれば、一年に何百万円、一生を通じて何億円という値段で、あなたの労働力を 43 ことになる。あなたは、経済学でいう「労働力商品」なのである。

　たとえばあなたがラジカセを買うとしよう。あなたは、電気店の商品棚に並んだ数々の商品をためつすがめつ見て回り、音質、パワー、MDがついているか、カラオケ機能があるかなどを比較して、買う商品を決めるであろう。同じお金を出して買うなら、なるべく性能や機能の優れたラジカセを買うのは当然である。就職活動では、雇う側が「買い手」で、あなたがいわば 44 である。2、3万円のラジカセなら気に入らなければ買い換えることもできるが、学生の採用は何億円の「買い物」をするわけであるから、人事担当者は真剣である。就職を希望する大勢の学生の中から最も優秀な学生を 45 しないと、会社は倒産してしまうのである。あなたは、1年に何百万円も出して「買って」もらえるだけの性能を備えているだろうか。

41 1 似てない　　　2 似ている　　　3 似ているか　　　4 似ているものか

42 1 雇う　　　　　2 買う　　　　　3 お客様　　　　　4 売り出す

43 1 購入する　　　2 売り出す　　　3 みる　　　　　　4 だだにする

44 1 店主　　　　　2 電気店　　　　3 ラジカセ　　　　4 お客様

45 1 選抜　　　　　2 売り出し　　　3 拒否　　　　　　4 入学

精 解 专 栏
独家发布

問題1

1 正确答案是3。

汉语意思为：那个老师在学生当中有很好的口碑。

「評」通常以音读发音「ひょう」出现。需要注意的是，「こうひょう」的汉字还有其他写法，如「公表、高評、講評」等等。

其他选项分别是　1　こうびょう→无
　　　　　　　　2　こうぴょう→无
　　　　　　　　4　こうばん→交番（警察岗亭）

2 正确答案是4。

汉语意思为：现在在那个家族里，很忌讳这件事。

「物」的发音有「ぶつ、もの、もん」等，此题中的发音较为特殊，应做特殊记忆。

其他选项分别是　1　きんぶつ→无
　　　　　　　　2　きんもの→无
　　　　　　　　3　きんごと→无

3 正确答案是1。

汉语意思为：她是个平日里心态平和的人。

此题重点考查「平」的训读。需要特别注意的是选项3，其意思与「たいら」有相同之处，但是此题有送假名「ら」。

其他选项分别是　2　へいら→无
　　　　　　　　3　ひら→平（平，扁平）
　　　　　　　　4　へら→箆（刮刀，木铲）

4 正确答案是3。

汉语意思为：天亮前海面平静下来了。

「穏」的音读为「おん」，例如「おんけん（穏健）」，注意「穏やか/おだやか」为形容动词，如「穏やかな海（风平浪静的海面）」。

其他选项分别是　　1　にぎやか→賑やか（热闹）
　　　　　　　　　　2　すみやか→速やか（快速）
　　　　　　　　　　4　ひそやか→密やか（悄然，偷偷）

5　正确答案是4。

汉语意思为：两三年没见，他老了很多。

此题重点考查的是动词「老いる/おいる」的语音。「老」最常用的发音就是「おい」与「ろう」。例如：「老いを養う/おいをやしなう」/养老；「老後/ろうご」/晚年。除此之外，还应了解「老」字还有「老ける/ふける」的读法，意思与「老いる」一样，是"上年纪、老"的意思。

其他选项分别是　　1　さいた→裂く（撕开，分开）
　　　　　　　　　　2　おどろいた→驚く（吓，惊恐，感到意外）
　　　　　　　　　　3　みちびいた→導く（指导，导致）

6　正确答案是1。

汉语意思为：把饭粒熬成糨糊。

「練る」的音读及其活用较为特殊，其活用方式与五段动词相同。「練る」意为"搅拌、揉和、修养、斟酌"。

其他选项分别是　　2　かって→買う（购买）
　　　　　　　　　　3　にぎって→握る（握）
　　　　　　　　　　4　つくって→作る（制作）

問題2

7　正确答案是1。

汉语意思为：虽说都是说英语的国家，在那里使用的英语也各种各样。

这道题目重点考查的是复合词构成辨析。

其他选项分别是　　2　産→さん（产，多放在地名后，表示"生产"的意思，如「中国産」。）
　　　　　　　　　　3　界→かい（界，多放在某个专业领域后，表示某个业界范围，如「芸能界」。）
　　　　　　　　　　4　派→は（派，多放在某个立场后，表示站在某一方面，或是拥护某一方等，如「コーヒ派」指爱喝咖啡的人，这是相对于爱喝茶或是其他饮品而言。）

8　正确答案是2。

汉语意思为：那个店员，刚来的时候好像没有什么自信似地战战兢兢，现在很稳重了。

这道题目重点考查的是副词词义辨析。「おどおど」是"提心吊胆、惴惴不安"的意思。

其他选项分别是　1　いやいや→（感叹语，意为"不不、不是"，表示否定）

3　ぐずぐず→（磨磨蹭蹭，嘟囔）

4　だらだら→（滴答滴答，往下直淌，磨磨蹭蹭）

9　正确答案是1。

汉语意思为：即使这个实验没顺利进行，也不影响新产品的开发。

此题重点考查的是语法点区别辨析。「かりに/仮に」意为"姑且、暂时；假如、要是"，此题取后项表示假设的意思。「かりに」与「ても」相互应，表示逆接假设，翻译成"即使……也"。

其他选项分别是　2　いっそう（更加）

3　つねに（常常）

4　さらに（更）

10　正确答案是4。

汉语意思为：那个人看起来很老实，但是做事大胆让人吃惊。

此题重点考查的是形容动词词义辨析。「大胆/だいたん」意为"胆子大、勇敢"。

其他选项分别是　1　盛大→せいだい（盛大）

2　膨大→ぼうだい（膨大）

3　大体→だいたい（大约）

11　正确答案是2。

汉语意思为：打工的条件要和公司商量来决定。

此题重点考查的是名词词义辨析。「交渉/こうしょう」意为"交涉、谈判、联系"。

其他选项分别是　1　会見→かいけん（会见）

3　対話→たいわ（对话）

4　譲歩→じょうほ（让步）

12　正确答案是2。

汉语意思为：本以为山田先生不靠谱，看了他这次的积极表现，我改变了这个想法。

此题重点考查的是动词词义辨析。「あらためる/改める」意为"改变、修改、革新"。

其他选项分别是　1　おさめた→収める（收纳）
　　　　　　　　　3　うちきった→打ち切る（停止）
　　　　　　　　　4　おいだした→追い出す（赶出）

13　正确答案是3。

汉语意思为：装在这个文件袋的数据是绝对机密。

此题重点考查的是外来语词义辨析。「データ」意为"资料、情报、数据、材料等"。

其他选项分别是　1　オンライン→（在线）
　　　　　　　　　2　チャンネル→（频道）
　　　　　　　　　4　マスコミ→（广告）

問題3

14　正确答案是2。

汉语意思为：由于市民的强烈反对，这个工厂的建设不得已中断了。

「やむをえない」是个常用词组，意为"不得已、没办法"。

其他选项分别是　1　ありがたく→有難い（难得）
　　　　　　　　　3　いさましく→勇ましい（勇猛）
　　　　　　　　　4　めざましく→目覚しい（惊人，异常显著）

15　正确答案是1。

汉语意思为：这个商品的生产正按照计划进行。

「はこぶ/運ぶ」除了"搬运、运送"的意思以外，还有"进行、进展"的意思。例如「計画どおり運ぶ」意为"按计划进行"。与此类似的用法还有「行く」，表示进展、进行。例如「計画どおりにうまく行った（照计划进行得非常顺利）」。

其他选项分别是　2　おわっている→終わる（中止）
　　　　　　　　　3　やめている→止める（停止）
　　　　　　　　　4　遅れている→遅れる（落后）

16　正确答案是2。

汉语意思为：结婚的事情我想和父母商量之后再决定。

「はかる/計る」意为"商量"，除此之外还有"谋求、揣测、计量"等意思。

	1 報告して→ほうこく（報告）
其他选项分别是	3 予測して→よそく（预测）
	4 反対して→はんたい（反对）

17 **正确答案是3。**

汉语意思为：这个公司竟然出售有问题的奶粉，太过分了。

「ひどい/酷い」意为"残酷、无情、严重、厉害、过分"。「むごい/惨い」也同样具有"残忍、过分"的意思。

	1 怪しい→あやしい（奇怪）
其他选项分别是	2 とくい→得意（得意）
	4 ややこしい（复杂，难办）

18 **正确答案是4。**

汉语意思为：用保鲜膜包上的西瓜放在冰箱里的话，可以保存2天左右吧。

「もつ/持つ」除了"拿、持、拥有"等意思之外，还有"保存、挺"的意思。需要注意的是，此题题干的「ラップされた」是将名词「ラップ」加上「する」演变而来的，意为"被保险膜包上"。

	1 腐る→くさる（腐烂）
其他选项分别是	2 食べる→たべる（吃）
	3 忘れる→わすれる（忘记）

19 **正确答案是3。**

汉语意思为：请把电话的来电记录给我看看。

「履歴/りれき」意为"履历、经历"。选项中只有选项3「記録/きろく」意思与其相近。

	1 記憶→きおく（记忆）
其他选项分别是	2 録音→ろくおん（录音）
	4 歴史→れきし（历史）

問題4

20 **正确答案是2。**

汉语意思为：决定结婚当天的程序。

「手はず/てはず」意为"程序、步骤、准备"。例如「手はずが狂った」，意思为"程序搞乱了"。

其他选项应该是　1　ちょっと遠いので手が届かなくて取れない。/稍微有点远手够不着。

　　3　旅行会社にホテルの手配を頼んだ。/委托旅游公司安排酒店。

　　4　毎月5万円の家賃手当てがある。/每月有5万日元的房租补贴。

21　正确答案是4。

汉语意思为：他的衣服上有种淡淡的香烟味。

「ほのか/仄か」意为"模糊、隐约、稍微"，是形容动词。例如「ほのかに見える」，意为"隐约可见"。

其他选项应该是　1　このブランデーはまろやかでおいしい。/这个白兰地很香醇味道很好。

　　2　あの人はぞんざいでよく忘れ物をする。/他很马虎总是落东西。

　　3　私は秋のぽかぽかした午後が好きだ。/我喜欢秋天暖洋洋的下午。

22　正确答案是2。

汉语意思为：她不大爱说话，也不怎么参加公司的酒会。

「むっつり」意为"沉默寡言、不爱说话、板着脸"。日语中称不爱说话的人为「むっつり屋」，还有一个常用词是「むっつり助平」，意为"假正经的色鬼"。

其他选项应该是　1　りんごをむっつ買った。/买了六个苹果。

　　3　休日はよく海に行ってつりする。/假日经常去海上钓鱼。

　　4　殺人現場は実にむごい状況だった。/杀人现场非常惨。

23　正确答案是2。

汉语意思为：应该事前取得联系后再去见对方。

「アポ」意为"联系、联络、预约"，是「アポイントメント」的略语，在会话中常说「アポ」，「アポを取る」是"取得预约"的意思。

其他选项应该是　1　アポロは1969年に人類を月に送った。/阿波罗在1969年的时候把人类送上月球。

　　3　問題を解決するかぎをつかむ。/抓住解决问题的关键。

　　4　私は六人家族でアパートに住んでいる。/我们家六个人住在公寓里。

24 正确答案是1。

汉语意思为：父母不想听到孩子没有出息的话。

「めめしい/女々しい」意为"带女人气、懦弱、不争气"。例如「女々しいことを言うな」，意思是"别说没有出息的话"。

其他选项应该是
2　このスイカは<u>甘く</u>ておいしい。/这个西瓜很甜很好吃。
3　彼女の目が<u>きらきら</u>してかわいい。/她的眼睛忽闪忽闪的很可爱。
4　<u>新鮮な</u>野菜を食べたいなあ。/真想吃新鲜的蔬菜啊。

25 正确答案是3。

汉语意思为：秋天一到夜寒就要降霜。

「よさむ/夜寒」意为"夜寒、夜里的寒气"。

其他选项应该是
1　北方の<u>おさえ</u>として最強の軍を置く。/在北方要塞布置最强的军队。
2　北海道の<u>ソーラン節</u>を聞くのが好きだ。/喜欢听北海道的拉网渔歌。
4　江戸の<u>敵</u>を長崎で討つ。/张三的仇报在李四身上。

問題5

26 正确答案是3。

汉语意思为：这是受欢迎的商品，一摆在铺面就马上卖光了。

此题重点考查「そばから」的用法，表示刚……就……。例如：小さい子供は、お母さんが洗濯するそばから、服を汚してしまいます。/小孩子刚穿上妈妈新洗的衣服就给弄脏了。

27 正确答案是2。

汉语意思为：本以为今年夏天会很热，结果天天下雨，甚至要担心是否会有低温灾害。

此题重点考查「～とおもいきや」的句型，表示本以为、原以为。其他选项均为混淆项。

28 正确答案是1。

汉语意思为：又不是学生，别打零工了，好好上班吧。

此题重点考查「でもあるまいし」的用法，表示又不是……。例如：子供でもあるまいし、自分のことは自分でしなさい。/又不是小孩子，自己的事自己做。

29 正确答案是4。

汉语意思为：酒是绝对戒了。我肯定不会再喝了。

此题重点考查动词词典型加「まい」的用法，表示不打算、不想……。例如：たぶんそうではあるまい。/大概不会是那样吧。

30 正确答案是1。

汉语意思为：请不要一直开着水龙头。

此题重点考查的是「っぱなし」的用法，接在动词连用形后面，表示置之不理、放置不管，多用于负面。例如：本を置きっぱなし。/把书丢在那里不管。其他选项均为混淆项。

31 正确答案是4。

汉语意思为：他的演唱会从上海开始，将在中国各地举行。

此题重点考查「をかわきりに」的用法，表示以……开端、以……为开始。其他选项均为混淆项。选项1「がはやいか」表示"做一件事同时……"，一般翻译成"同时"。

32 正确答案是3。

汉语意思为：他那么拼命地加班，早晚有一天会累倒下的。

此题重点考查「いまに」的用法，表示不久即将……，译为"早晚、不久"。例如：田中さんも今にすばらしい小説を書いてくれると信じています。/我相信田中不久一定能写出非常优秀的小说。

33 正确答案是1。

汉语意思为：如果可以的话，我今天晚上想给您家里打个电话。

此题重点考查「さしつかえない」的用法，表示可以、没关系、无妨。其中「さしつかえ/差し支え」意为"障碍、不方便"。例如：急に差し支えができて出席できない。/突然发生一点事情不能出席。

34 正确答案是2。

汉语意思为：老人好像很失望的样子离开了。

此题重点考查「さも」的用法，表示非常、很、仿佛。例如：彼はさもおいしそうにビールを飲み干した。/他津津有味地把啤酒一气喝干了。除此之外「さも」还有"那样、好像"的意思。例如：さもいいことづくめのように言う。/说得天花乱坠。

35 正确答案是2。

汉语意思为：他对妻子唯命是从。

此题重点考查「なり」的用法，此题中的「なり」是接尾词，表示任凭、顺着。「なり」还有多种用法与意义。如作为名词时取"个子、身材、装束、打扮"之意。作为接尾词时还可以取"与……相符"的意思。例如：子どもには子どもなりの考えがある。/小孩儿有小孩儿（那般）的想法。

問題6

[36] 正确答案是3。

原句应为：中国のマラソン選手はどんどん遅れていくほかの選手を越えて悠々とゴールに飛び込んだ。

汉语意思为：中国的马拉松选手不断地超过其他运动员，最后悠然地跑向终点。

首先要寻找选项1的宾语在哪里，由此可确定3、1的顺序，再根据句子意思进行推断。因此整体的排序应为2431。

[37] 正确答案是4。

原句应为：ばかにされたわけではあるまいし、そんなに怒らないほうがいい。

汉语意思为：又不是被捉弄了，别生那么大的气。

首先根据选项可以推断2、1的顺序，再根据题意推断句子意思，因此整体的排序应为2143。

[38] 正确答案是3。

原句应为：ゲームセンターにはじめて行ったが、うるさいといったらない。

汉语意思为：第一次去了游戏中心，吵得不得了。

首先要根据选项推测句子意思，然后根据选项首先可以判断出1、4的顺序，此外「といったらない」意为"难以形容、……得很、非常……"。从接续来看，只能接在「うるさい」的后面，所以可以得出了3、2的顺序。因此整体的排序应为1432。

[39] 正确答案是4。

原句应为：あの人はゆっくりなら20kmでも30kmでも泳ぐことができるそうだよ。

汉语意思为：听说那个人要是慢慢游的话，能游二、三十公里呢。

首先应了解句型「～でも～でも」的用法，如此此题便可迎刃而解，虽然汉语翻译成"能游二、三十公里"，但是如果将「でも」分开来看，后半句可以对号入座地翻译成"无论是二十公里，还是三十公里都能（游）"。此外，「～ことができる」也是常用句型，很容易就能将1放在最后面，所以整体的排序应为2341。

[40] 正确答案是3。

原句应为：会社への不満ばかり言う社員がいるが、会社あっての自分であることを忘れるな。

汉语意思为：有的职员总是对公司发牢骚，但是不要忘了有了公司才有职员的你。

首先应理解句型「～あっての」的用法，意思是"因为有……才有……"，表示正因为有前项的存在才有后项的成立，如果没有前项就没有后项。其次根据后半句可判断出最后一项是1，因此整体的排序应为2431。

41 正确答案是2。

前项叙述升学与就职是相似的，才可能有「しかし」后面关于其不同之处的论述，所以选2。在本题中「似ているといえば似ている」的结构，即「○○といえば○○」，「といえば」的前后两个单词是一样的，这种用法很常见。例如「電話がないのは不便といえば不便だ」。此外「といえば」还有其他很多用法；如提出新话题、解释原因等用法。

42 正确答案是4。

对于企业或政府机关购买劳动力来说，应聘者应该"出售"自己。

回答此题时应参照其前两句话，即"在升学方面，如果考试通过了，则需要付学费，你是'客人'。然而就业却是企业或是政府机关购买你的劳动力，你需要'出售'自己。"

43 正确答案是1。

企业应该是"购买"劳动力的一方。

回答此题时应参照其前面一句话和后面一句话。其意思是："雇用方一年用上几百万日元，甚至是对你的一生耗费几个亿的价格来'购买'你的劳动力，你在经济学上来说就是'劳动力产品'。"

44 正确答案是3。

这个句子是个比喻句，将应聘者比喻成录音机。

回答此问题应看原文中填空处的前三句话，此文中将企业、政府雇用人来工作比喻成买录音机。其具体意思为："比如说你买录音机，你会仔细看电器店里货架上摆放的许多商品，你会比较音质、电源、是否能放MD等方面，然后再决定要买的商品吧。如果花一样的钱，你当然会买性能、技能尽可能好的录音机。所以，在就职活动中，雇用方就是'买家'，而你则是'录音机'。"

45 正确答案是1。

企业从众多学生中应该是"选拔"优秀的学生。

回答此问题时，把句子意思弄懂即可作答。原句意思为："如果不从有就业希望的多数学生中选拔最优秀学生的话，公司就会破产。"所以只有选项1「選抜/せんばつ」符合句子意思。